Rashmi Agrawal

Controlo das práticas pouco éticas na conceção de sítios Web pelos motores de busca

Rashmi Agrawal

Controlo das práticas pouco éticas na conceção de sítios Web pelos motores de busca

ScienciaScripts

Imprint

Any brand names and product names mentioned in this book are subject to trademark, brand or patent protection and are trademarks or registered trademarks of their respective holders. The use of brand names, product names, common names, trade names, product descriptions etc. even without a particular marking in this work is in no way to be construed to mean that such names may be regarded as unrestricted in respect of trademark and brand protection legislation and could thus be used by anyone.

Cover image: www.ingimage.com

This book is a translation from the original published under ISBN 978-620-2-30125-1.

Publisher:
Sciencia Scripts
is a trademark of
Dodo Books Indian Ocean Ltd. and OmniScriptum S.R.L publishing group

120 High Road, East Finchley, London, N2 9ED, United Kingdom
Str. Armeneasca 28/1, office 1, Chisinau MD-2012, Republic of Moldova, Europe
Printed at: see last page
ISBN: 978-620-7-95579-4

Dedicado a

A minha família Sandeep Harshita Nandika Jai

Conteúdo

Capítulo 1
INTRODUÇÃO

O objetivo do livro intitulado ""CONTROLLING UNETHICAL PRACTICES In Web Designing By Search Engines" é estudar métodos para controlar práticas pouco éticas por parte dos webmasters. As técnicas anti-spam existentes, utilizadas por vários autores, foram discutidas em pormenor.

Neste capítulo, apresentamos os conceitos elementares dos motores de busca e um breve resumo do conteúdo do livro por capítulo.

1.1 MOTOR DE PESQUISA - Uma breve introdução

Utilizamos os motores de pesquisa para procurar informações na Internet. Sendo a Internet um oceano de dados em constante expansão, a sua importância aumenta a cada dia que passa. A própria diversidade da informação tornou necessária uma ferramenta para reduzir o tempo gasto na pesquisa. Hoje em dia, as empresas e organizações compreendem a necessidade de estarem listadas num bom e popular motor de busca. Para aqueles que querem realmente que os seus produtos e serviços cheguem ao mundo, a inclusão num motor de busca é uma necessidade do momento.

Para citar alguns dos motores de pesquisa mais conhecidos. Altavista, Google, HotBot, About, Excite, Northern Light, LookSmart, Lycos, GoTo,

WebCrawler, Yahoo, DogPile, Highway61, DirectHit, Teoma estão na lista de popularidade. Atualmente, existem mais de 500 motores de pesquisa em todo o mundo. À medida que os motores de busca nativos vão surgindo nas suas próprias regiões, é interessante assistir à guerra de superioridade entre os motores de busca internacionais.

Os motores de busca são basicamente programas de bases de dados. A sua função é obter dados de sítios Web para identificar, organizar e listar sítios Web de possível interesse para as pessoas que os procuram. Quem procura informação pode visitar um motor de busca e introduzir uma palavra ou frase para que o motor de busca a procure. O motor de busca apresenta ao utilizador os resultados da sua pesquisa de uma forma que este pode investigar mais aprofundadamente. Os motores de busca são poderosos e podem apresentar muito mais referências do que as normalmente necessárias. É útil para o pesquisador aprender a refinar a sua pesquisa para encurtar a lista que lhe será apresentada. Todos os motores de busca fornecem amplos recursos para ajudar o pesquisador a refinar a sua pesquisa.

Os utilitários de pesquisa na Web (AltaVista, HotBot, etc.) indexam nas suas bases de dados locais o texto das páginas cujos criadores os notificaram da sua existência e lhes forneceram o URL. Esta é uma das principais razões pelas quais se obtêm frequentemente resultados diferentes da mesma pesquisa no AltaVista e no Goto, por exemplo. A dimensão e, por conseguinte, a cobertura de cada índice varia. Além disso, dois motores de pesquisa que indexam a mesma página podem "pesar" as palavras da página de forma diferente, fazendo com que a mesma página apareça mais acima ou mais abaixo na respectiva lista de resultados de pesquisa. Muitos pesquisadores executam frequentemente a mesma pesquisa em vários índices diferentes para obterem os resultados pretendidos.

Os utilitários de meta pesquisa tentam contrariar esse facto enviando a pesquisa que criou para vários índices da Web de uma só vez, poupando-lhe assim o esforço de pesquisar um após outro manualmente. No entanto, os motores de meta pesquisa não oferecem uma cobertura universal.

1.2 Motores de pesquisa populares

Google (http://www.google.com)

Os resultados rápidos e relevantes são uma imagem de marca do Google devido à sua utilização extensiva da classificação de popularidade dos sítios Web. Um ponto forte adicional é o facto de o Google incluir mais formatos de ficheiros do que outros motores de pesquisa indexam, tais como PDF, Microsoft Word, Excel e PowerPoint.

All the Web (Fast) (http://www.alltheweb.com/)

Um motor muito grande que oferece ligações para pesquisas especializadas, tais como MP3, itens FTP, imagens, etc. A pesquisa avançada utiliza menus pendentes para especificar filtros de palavras e domínios.

Teoma (http://www.teoma.com/)

Um motor de pesquisa de média dimensão que produz uma excelente recuperação. Além de listar os resultados da pesquisa, uma parte do ecrã apresenta agrupamentos de tópicos

(pastas) de resultados por palavra-chave. À direita, encontram-se ligações de especialistas que conduzem a sítios que listam páginas sobre assuntos gerais relacionados.

Pesquisa MSN (http://search.msn.com/)

Apresenta uma grande base de dados de páginas Web que inclui informações do Encarta, MSNBC e outras fontes de notícias, sítios populares retirados do DirectHit, bem como listas de diretórios.

Diretórios de assuntos

Yahoo (http://www.yahoo.com)

Yahoo é, de facto, um guia de assuntos e um motor de pesquisa. As pesquisas incluem não só as listas de diretórios de assuntos de sítios web do Yahoo que são selecionados e indexados por pessoas, mas também uma base de dados de sítios web alimentada pelo Google. Os resultados da pesquisa estão organizados em categorias de assuntos úteis. Útil, amigável, um favorito entre os pesquisadores da Web.

Looksmart (http://www.looksmart.com)

O Looksmart, o principal rival do Yahoo, também emprega editores humanos para selecionar e classificar os sítios Web. A LookSmart estabeleceu uma parceria com o AltaVista para ser o motor de busca alargado que se liga após uma consulta da base de dados da LookSmart.

Projeto de Diretório Aberto (http://www.dmoz.org)

O objetivo declarado do Open Diretory é "produzir o diretório mais completo da Web, contando com um vasto exército de editores voluntários". Os críticos observam que a natureza voluntária deste tipo de serviço pode levar a uma cobertura desigual dos assuntos e a uma potencial parcialidade. Utilize as listas de assuntos ou pesquise por palavra-chave ou frase para navegar no sítio.

Índice de Bibliotecários para a Internet (http://lii.org/)

"Um diretório de assuntos pesquisável e anotado de mais de 8500 recursos da Internet selecionados e avaliados por bibliotecários pela sua utilidade para os utilizadores de bibliotecas públicas" (da página "Sobre"). Fácil de utilizar, muito fácil de navegar. As anotações são uma mais-valia.

About.com (http://home.about.com/)

Excelente fonte de guias da Web sobre tópicos populares.

Metacrawlers: Pesquisar em vários motores de busca a partir do mesmo sítio Web
SurfWax (http://www.surfwax.com/)

Acede aos principais motores de pesquisa, incluindo o Google. Os resultados são agrupados e classificados por relevância. Os resultados com um ícone de lupa ao lado têm resumos rápidos (SiteSnaps) que podem ser visualizados antes de decidir aceder à página. Estão disponíveis opções de ordenação e número de resultados apresentados. Boas funcionalidades de personalização. Um excelente motor de meta-pesquisa.

ixquick (http://www.ixquick.com/)

Interessante é o facto de o ixquick utilizar um sistema de classificação por estrelas. É atribuída uma estrela a cada motor de pesquisa que colocou um sítio no seu top ten. A teoria é que um sítio que aparece em várias listas dos dez primeiros é provavelmente relevante. Tal como o Dogpile, o ixquick tenta traduzir uma consulta de pesquisa para a sintaxe de cada motor de pesquisa. As opções de pesquisa incluem a Web, notícias, MP3 e imagens.

Vivisimo (http://vivisimo.com/)

Efectua o agrupamento de documentos (com base em títulos, URLs e descrições curtas) para que os utilizadores possam navegar nos resultados por categorias hierárquicas. Abordagem muito interessante e eficaz.

Dogpile (http://www.dogpile.com)

Outrora um favorito entre os pesquisadores, o Dogpile utiliza agora listagens pagas. Tenha isto em mente ao avaliar os resultados da pesquisa. Os resultados são listados por motor de pesquisa.

A tabela seguinte dá uma boa visão dos motores de busca em diferentes categorias:

Search..	Meta Search.
www.4websearch.com	www.Ixquick.com
www.altavista.com	www.mamma.com
www.alltheweb.com	www.metacrawler.com
www.google.com	www.redesearch.com
www.hotbot.com	www.surfwax.com

www.lycos.com www.msn.com www.searchhippo.com www.teoma.com www.wisenut.com	www.turbo10.com www.vivisimo.com
News Search. www.rocketnews.com www.bpubs.com www.daypop.com www.findarticles.com www.moreover.com www.newsBlip.com	**Shopping search.** www.amazon.com www.mysimon.com www.shop.com
People Search. www.genealogy.com www.biographies.com www.switchboard.com	**Computing.** www.allwhois.com www.hostindex.com www.tucows.com
Pay Per Click. www.goclick.com www.7search.com www.bigwhat.com www.brainfox.com www.epilot.com www.espotting.com www.findit-quick.com	**Directories.** www.about.com www.galaxy.com www.goguides.org www.looksmart.com www.dmoz.org www.yahoo.com www.zeal.com

www.findwhat.com www.overture.com www.sprinks.com	
Business. www.allbusiness.com www.business.com www.b2bpages.com	**Research Directories.** www.refdesk.com www.lii.org www.digital-librarian.com www.statisticalresources.com www.informationplease.com www.researchindex.com

1.3 Um breve resumo do livro

Objetivo do livro

Tal como o título do livro sugere, o objetivo do estudo é discutir métodos para controlar as práticas pouco éticas dos webmasters. Por outras palavras, estudaremos as técnicas anti-spam existentes utilizadas por vários autores

O conteúdo do livro foi dividido em sete capítulos.

Capítulo 1 contém uma introdução ao motor de busca e aos seus diferentes tipos. Este capítulo aborda também os utilitários de pesquisa na Web e os utilitários de meta-pesquisa. Para além disso, é também apresentado um breve resumo do livro por capítulo.

Capítulo 2 aborda o funcionamento pormenorizado dos motores de busca. Existem basicamente três elementos nos motores de busca que podem ser importantes.

1) Descoberta de informação e base de dados,

2) A pesquisa do utilizador, e,

3) A apresentação e a classificação dos resultados.

Um motor de busca encontra informações para a sua base de dados aceitando listagens enviadas por autores que pretendem exposição, ou obtendo as informações dos seus "Web crawlers", "spiders" ou "robots", programas que percorrem a Internet armazenando ligações e informações sobre cada página que visitam.

Os programas de rastreio da Web são um subconjunto de "agentes de software", programas com um grau invulgar de autonomia que executam tarefas para o utilizador. Como é que estes funcionam realmente? Percorrem a rede por número de IP, um a um? Será que armazenam tudo ou quase tudo o que existe na Web?

O Capítulo 3 explora as várias penalizações dos motores de busca. Qual é a diferença entre uma proibição e uma penalização? Poucas coisas assustam mais o proprietário de um sítio Web do que a possibilidade de receber uma penalização do Google. Em seguida, explica em pormenor a penalização do Google. Existem vários tipos de penalizações do Google. A penalidade de classificação -6 é a mais recente penalidade do Google. Outras penalidades são -30 penalidades de supressão, -50 penalidades de links pagos, penalidades de page rank, penalidades de google -950.

Em seguida, discutimos a forma como o Google encontra estas penalizações. O Google pode aplicar uma penalização por violação das condições de serviço do motor de busca. Que actividades podem resultar numa penalização do Google? O que podemos fazer em relação ao spam dos motores de busca? Quais são as várias listas de verificação de penalizações do Google e qual é a estratégia de recuperação de penalizações do Google.

No **Capítulo 4**, o spam na Web é definido como a ação deliberada de enganar os motores de busca para que forneçam resultados de pesquisa redundantes e inadequados, classificando as páginas num nível superior ao que merecem. Em seguida, são discutidas algumas das tácticas de spam comuns identificadas como spam dos motores de pesquisa. Em termos gerais, todas as técnicas de spam podem ser classificadas em três categorias: spam de conteúdos, spam de ligações e spam de ocultação de páginas.

Este capítulo explora todas as tácticas de spamming no âmbito destas três grandes categorias.

O Capítulo 5 explora o levantamento das técnicas anti-spam existentes. Inicialmente, os motores de pesquisa utilizavam algoritmos tradicionais de recuperação de informação, como o TFIDF, para classificar as páginas Web para uma determinada consulta. Para melhorar a qualidade da pesquisa, foram propostos algoritmos de classificação baseados em ligações, como o page rank e o HITS. Neste capítulo, são abordadas as técnicas utilizadas contra os diferentes tipos de spamming. Concentrámo-nos nas técnicas de combate ao spam baseado em ligações, uma vez que no próximo capítulo iremos explorar a forma de detetar o link farm.

No **Capítulo 6**, as fazendas de links são discutidas em pormenor. Uma quinta de ligações é uma rede de sítios Web densamente ligados entre si. Quando os algoritmos baseados em ligações, como o HITS e a classificação de páginas, apareceram pela primeira vez, funcionavam bastante bem e conseguiam gerar resultados bastante relevantes para determinadas consultas, mas as quintas de ligações podem afetar muito estes algoritmos.

Um link farm tem normalmente a estrutura de um subgrafo completo ou quase completo. Estudámos dois algoritmos para detetar link farms.

O algoritmo de hiperligações completas utiliza o conceito de hiperligação completa, ou seja, o alvo da ligação juntamente com o seu texto âncora como unidade básica para cada ligação. Para criar páginas duplicadas ou construir quintas de links, muitos links são intencionalmente criados e duplicados. Se conseguirmos identificar estes links copiados, as páginas duplicadas e as quintas de links podem ser identificadas.

No segundo algoritmo - o algoritmo de expansão - a abordagem consiste em gerar primeiro um conjunto de sementes de páginas susceptíveis de serem spam e, em seguida, fazer uma propagação limitada do spam ao longo das ligações de entrada das páginas do conjunto de sementes. Inicialmente, utilizamos um método simples mas eficaz baseado nos conjuntos de ligações comuns nas ligações de entrada e de saída das páginas Web para selecionar o conjunto de sementes. Em seguida, expandimos o conjunto de sementes para incluir mais páginas dentro de determinadas quintas de ligações. Por fim, o conjunto de páginas expandido é utilizado em conjunto com algoritmos de classificação, como o HITS ou o PageRank, para gerar novos resultados de classificação.

O Capítulo 7 aborda os factores alvo para o futuro Spam. Os autores de spam terão sempre como alvo factores que são utilizados nos algoritmos de classificação dos motores de busca. Os motores de pesquisa estão a fornecer cada vez mais serviços relacionados com a pesquisa de informações. Embora as futuras técnicas de spam possam assumir formas e aparências diferentes, podemos combatê-las concentrando-nos nas suas caraterísticas que se mantiveram relativamente inalteradas ou utilizando algumas metodologias anti-spam maduras

As penalizações dos motores de busca estão presentes e generalizadas e são um método principal utilizado pelos motores de busca para controlar os webmasters. A menos que os webmasters saibam o que são e o que fazer, os seus sítios Web podem facilmente ser penalizados, perdendo tráfego e receitas. Os utilizadores da Web dependem dos motores de pesquisa para encontrar informações na Web. O spam dos motores de busca é a tentativa de enganar os algoritmos de classificação dos motores de busca e é considerado por especialistas de empresas de motores de busca bem conhecidas como um dos maiores desafios actuais para os motores de busca. Se não forem tomadas

medidas corretivas, os resultados dos motores de pesquisa serão muito prejudicados.
Este livro explora em pormenor soluções eficazes para algumas técnicas de spam dos
motores de busca, como as "link farms". As nossas abordagens podem efetivamente
anular o efeito das "link farms" e a nossa precisão supera em mais de 200% o algoritmo
padrão de classificação baseado em ligações, o HITS. Também investigamos o método
de combinação de confiança e autoridade para melhorar a qualidade da pesquisa. As
abordagens deste livro podem melhorar significativamente a qualidade da pesquisa e
despromover o spam.

Capítulo 2

<u>FUNCIONAMENTO DOS MOTORES DE BUSCA</u>

Existem basicamente três elementos nos motores de busca que podem ser importantes.

1) Descoberta de informação e base de dados,

2) A pesquisa do utilizador, e,

3) A apresentação e a classificação dos resultados.

<u>2.1 Descoberta e base de dados</u>

Um motor de busca encontra informações para a sua base de dados aceitando listagens enviadas por autores que pretendem exposição, ou obtendo as informações dos seus "Web crawlers", "spiders" ou "robots", programas que percorrem a Internet armazenando ligações e informações sobre cada página que visitam.

Os programas de rastreio da Web são um subconjunto de "agentes de software", programas com um grau invulgar de autonomia que executam tarefas para o utilizador. Como é que estes funcionam realmente? Percorrem a rede por número de IP, um a um? Será que armazenam tudo ou quase tudo o que existe na Web?

Estes agentes começam normalmente com uma lista histórica de ligações, como listas de servidores e listas dos sítios mais populares ou melhores, e seguem as ligações nestas páginas para encontrar mais ligações para adicionar à base de dados. Isto torna a maioria dos motores, sem dúvida, tendenciosa para os sítios mais populares. Um Web crawler pode enviar apenas o título e o URL de cada página que visita, ou apenas analisar algumas etiquetas HTML, ou pode enviar o texto completo de cada página. O Alta Vista está claramente empenhado em indexar tudo e mais alguma coisa, com mais de 30 milhões de páginas indexadas (7/96). O Excite reclama, de facto, mais páginas. O OpenText, por outro lado, indexa o texto completo de menos de um milhão de páginas (5/96), mas armazena muito mais URLs. A Inktomi implementou o HotBot como uma solução de computação distribuída, que afirma poder crescer com a Web e indexá-la na totalidade, independentemente do número de utilizadores ou do número de páginas existentes na Web. Normalmente, os robôs "bons" podem ser excluídos por um pouco de código padrão de exclusão no seu site.

Parece injusto, mas os programadores não são muito recompensados pelos serviços de localização por enviarem os URLs das suas páginas para indexação. O tempo típico entre o envio do URL e a sua inclusão na base de dados parece ser de 6 a 8 semanas. A maioria dos motores de busca verifica as suas bases de dados para ver se os URLs ainda existem e se foram actualizados recentemente.

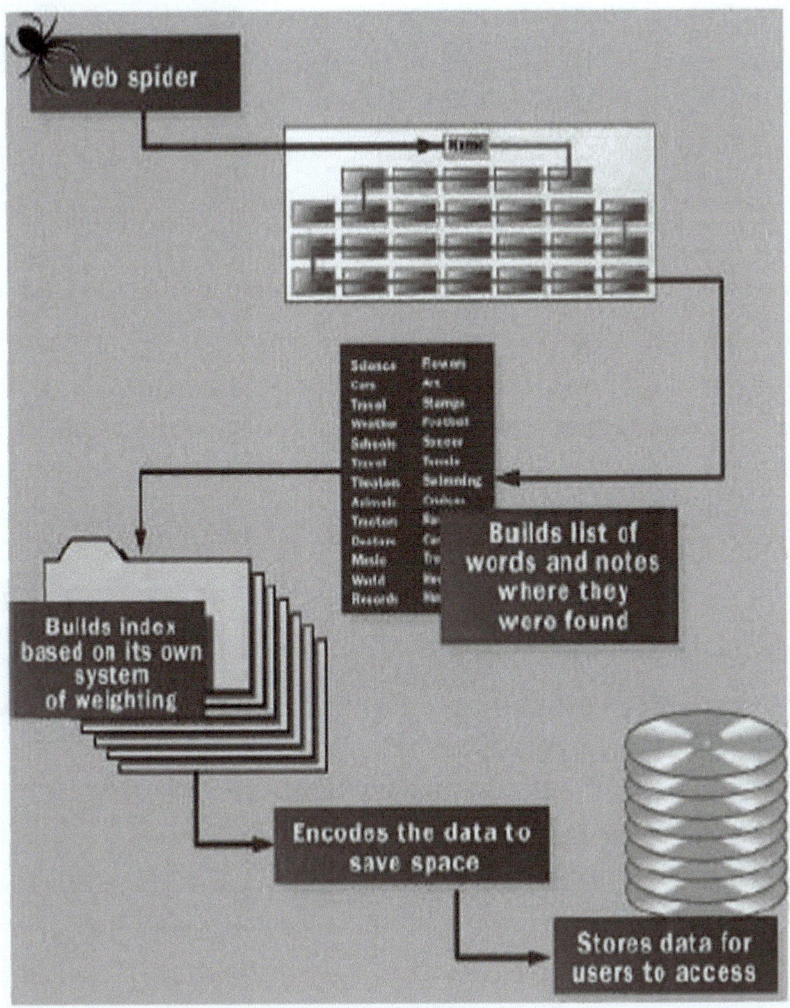

Web spider
Builds list of
words and notes
where they
were found
Builds index
based on its own
system
of weighting
Encodes the data to
save space
Stores data for
users to access

Os "spiders" pegam no conteúdo de uma página Web e criam palavras-chave de pesquisa que permitem aos utilizadores online encontrar as páginas que procuram.

Os spiders construíram o seu sistema inicial para utilizar vários spiders, normalmente três de cada vez. Cada spider podia manter abertas cerca de 300 ligações a páginas Web de cada vez. No seu desempenho máximo, utilizando quatro spiders, o seu sistema podia rastrear mais de 100 páginas por segundo, gerando cerca de 600 kilobytes de dados por segundo. Manter tudo a funcionar rapidamente significava criar um sistema para alimentar as informações necessárias aos spiders. O sistema inicial do Google tinha um servidor dedicado a fornecer URLs aos spiders. Em vez de depender de um fornecedor de serviços de Internet para o servidor de nomes de domínio (DNS) que traduz o nome de um servidor num endereço, a Google tinha o seu próprio DNS, de forma a reduzir ao mínimo os atrasos.

Quando o Google spider olhava para uma página HTML, tomava nota de duas coisas:
1) As palavras na página
2) Onde foram encontradas as palavras

As palavras que ocorrem no título, subtítulos, meta tags e outras posições de importância relativa foram anotadas para consideração especial durante uma pesquisa subsequente do utilizador. O Google spider foi criado para indexar todas as palavras significativas numa página, deixando de fora os artigos "a", "an" e "the". Outros spiders adoptam abordagens diferentes. Estas diferentes abordagens tentam normalmente fazer com que o spider funcione mais rapidamente, permitir que os utilizadores pesquisem de forma mais eficiente, ou ambos. Por exemplo, alguns spiders registam as palavras no título, subtítulos e ligações, juntamente com as 100 palavras mais frequentemente utilizadas na página e cada palavra nas primeiras 20 linhas de texto. Diz-se que a Lycos utiliza esta abordagem para efetuar o spidering da Web. Outros sistemas, como o AltaVista, vão na direção oposta, indexando todas as palavras de uma página, incluindo "a", "an", "the" e outras palavras "insignificantes". O esforço para ser completo nesta abordagem é igualado por outros sistemas na atenção dada à parte não vista da página Web, as meta-etiquetas.

As meta-etiquetas permitem que o proprietário de uma página especifique palavras-chave e conceitos sob os quais a página será indexada. Isto pode ser útil, especialmente nos casos em que as palavras na página podem ter significados duplos ou triplos - as meta tags podem orientar o motor de busca na escolha de qual dos vários significados possíveis para essas palavras é o correto. Há, no entanto, um perigo em confiar demasiado nas meta tags, porque um proprietário de página descuidado ou sem escrúpulos pode adicionar meta tags que se enquadram em tópicos muito populares, mas que não têm nada a ver com o conteúdo real da página. Para se protegerem contra isto, os spiders correlacionam as meta-etiquetas com o conteúdo da página, rejeitando as meta-etiquetas que não correspondem às palavras da página. Tudo isto pressupõe que o proprietário de uma página quer realmente que esta seja incluída nos resultados das actividades de um motor de busca. Muitas vezes, o proprietário da página não quer que ela apareça num grande motor de busca, ou não quer que a atividade de um spider aceda à página. Considere, por exemplo, um jogo que cria páginas novas e activas sempre que são apresentadas secções da página ou são seguidas novas ligações. Se uma aranha da Web aceder a uma destas páginas e começar a seguir todas as ligações para novas páginas, o jogo pode confundir a atividade com a de um jogador humano a alta velocidade e ficar fora de controlo. Para evitar situações como esta, foi desenvolvido o protocolo de exclusão de robots. Este protocolo, implementado na secção de meta-tag no início de uma página Web, diz a um spider para deixar a página em paz - para não indexar as palavras na página nem tentar seguir os seus links.

Construir o índice

Depois de os spiders terem completado a tarefa de encontrar informações nas páginas Web (e devemos notar que esta é uma tarefa que nunca está realmente concluída - a natureza em constante mudança da Web significa que os spiders estão sempre a rastejar), o motor de busca deve armazenar as informações de uma forma que as torne úteis.

Há dois componentes-chave envolvidos em tornar os dados recolhidos acessíveis aos utilizadores:
- As informações armazenadas com os dados
- O método pelo qual a informação é indexada

No caso mais simples, um motor de pesquisa poderia simplesmente armazenar a palavra e o URL onde foi encontrada. Na realidade, isto tornaria o motor de pesquisa de utilidade limitada, uma vez que não haveria forma de saber se a palavra foi utilizada de forma importante ou trivial na página, se a palavra foi utilizada uma ou várias vezes ou se a página continha ligações para outras páginas que continham a palavra. Por outras palavras, não haveria forma de construir a lista de classificação que tenta apresentar as páginas mais úteis no topo da lista de resultados da pesquisa. Para obter resultados mais úteis, a maioria dos motores de pesquisa armazena mais do que apenas a palavra e o URL. Um motor pode armazenar o número de vezes que a palavra aparece numa página. O motor pode atribuir um peso a cada entrada, com valores crescentes atribuídos a palavras que aparecem perto do topo do documento, em subtítulos, em ligações, nas meta tags ou no título da página. Cada motor de busca comercial tem uma fórmula diferente para atribuir peso às palavras no seu índice. Esta é uma das razões pelas quais uma pesquisa pela mesma palavra em diferentes motores de busca produzirá listas diferentes, com as páginas apresentadas em ordens diferentes.

Independentemente da combinação exacta de informações adicionais armazenadas por um motor de pesquisa, os dados serão codificados para poupar espaço de armazenamento. Por exemplo, o documento original do Google descreve a utilização de 2 bytes, de 8 bits cada, para armazenar informações sobre ponderação - se a palavra estava em maiúsculas, o tamanho da letra, a posição e outras informações para ajudar a classificar o resultado. Cada fator pode ocupar 2 ou 3 bits dentro do agrupamento de 2 bytes (8 bits = 1 byte). Como resultado, uma grande quantidade de informação pode ser armazenada num formato muito compacto. Depois de compactada, a informação está pronta para ser indexada. Um índice tem um único objetivo: permite que a informação seja encontrada o mais rapidamente possível. Existem várias formas de construir um índice, mas uma das formas mais eficazes é construir uma tabela de hash. No hashing, é aplicada uma fórmula para atribuir um valor numérico a cada palavra. A fórmula foi concebida para distribuir uniformemente as entradas por um número predeterminado de divisões. Esta distribuição numérica é diferente da distribuição das palavras pelo alfabeto, e essa é a chave para a eficácia de uma tabela de hash. Em inglês, há algumas letras que iniciam muitas palavras, enquanto outras iniciam menos. Por exemplo, a secção "M" do dicionário é muito mais espessa do que a secção "X". Esta desigualdade significa que encontrar uma palavra que comece com uma letra muito "popular" pode demorar muito mais tempo do que encontrar uma palavra que comece com uma letra menos popular. O hashing equilibra a diferença e reduz o tempo médio necessário para encontrar uma entrada. Ele também separa o índice da entrada real. A tabela de hash contém o número com hash juntamente com um ponteiro para os dados actuais, que podem ser ordenados da forma que permitir o seu armazenamento mais eficiente. A combinação de uma indexação eficiente e de um armazenamento eficaz permite obter resultados rapidamente, mesmo quando o utilizador cria uma pesquisa complicada.

Arrastamento

A chave na encriptação de chave pública é baseada num valor de hash. Este é um valor que é calculado a partir de um número de entrada de base utilizando um algoritmo de hashing. Essencialmente, o valor de hash é um resumo do valor original. O que é importante num valor de hash é que é quase impossível obter o número de entrada original sem conhecer os dados utilizados para criar o valor de hash. Eis um exemplo simples:

Input Number	Hashing algorithm	Hash Value
10,667	Input# X 143	1,525,381

Podemos ver como seria difícil determinar que o valor 1.525.381 provém da multiplicação de 10.667 e 143. Mas se soubéssemos que o multiplicador era 143, então seria muito fácil calcular o valor 10.667. A encriptação de chave pública é, na verdade, muito mais complexa do que este exemplo, mas esta é a ideia básica. As chaves públicas utilizam geralmente algoritmos complexos e valores hash muito grandes para encriptar, incluindo números de 40 bits ou mesmo de 128 bits. Um número de 128 bits tem 2128 ou 3.402.823.669.209.384.634.633.746.074.300.000.000.000.000.000.000.000.000.000. 0 00.000.000.000.000.000 combinações diferentes! Seria como tentar encontrar um grão de areia no deserto do Saara.

Criar uma pesquisa

A pesquisa através de um índice implica que um utilizador construa uma consulta e a submeta através do motor de pesquisa. A consulta pode ser bastante simples, no mínimo uma única palavra. A construção de uma consulta mais complexa requer a utilização de operadores booleanos que permitem refinar e alargar os termos da pesquisa.

Os operadores booleanos mais frequentemente vistos são:

- **AND** - Todos os termos unidos por "AND" devem aparecer nas páginas ou documentos. Alguns motores de busca substituem a palavra AND pelo operador "+".

- **OU** - Pelo menos um dos termos unidos por "OU" deve aparecer nas páginas ou documentos.

- **NOT** - O termo ou termos a seguir a "NOT" não devem aparecer nas páginas ou documentos. Alguns motores de busca substituem a palavra NOT pelo operador "-".

- **SEGUIDO POR** - Um dos termos deve ser diretamente seguido pelo outro.

- **NEAR** - Um dos termos deve estar dentro de um número especificado de palavras do outro.

- Aspas - As palavras entre as aspas são tratadas como uma frase, e essa frase deve ser encontrada no documento ou ficheiro.

As pesquisas definidas pelos operadores booleanos são pesquisas literais - o motor procura as palavras ou frases exatamente como são introduzidas. Isto pode ser um problema quando as palavras introduzidas têm vários significados. "Cama", por exemplo, pode ser um lugar para dormir, um lugar onde se plantam flores, o espaço de armazenamento de um camião ou um lugar onde os peixes põem os seus ovos. Se estiver interessado em apenas um destes significados, pode não querer ver páginas com todos os outros. Pode construir uma pesquisa literal que tente eliminar significados indesejados, mas é bom que o próprio motor de pesquisa possa ajudar. Uma das áreas de investigação dos motores de busca é a pesquisa baseada em conceitos. Parte desta investigação envolve a utilização de análises estatísticas em páginas que contêm as palavras ou frases pesquisadas, de modo a encontrar outras páginas que possam interessar ao utilizador. Obviamente, a informação armazenada sobre cada página é maior para um motor de pesquisa baseado em conceitos e é necessário muito mais processamento para cada pesquisa. Ainda assim, muitos grupos estão a trabalhar para melhorar os resultados e o desempenho deste tipo de motor de pesquisa. Outros passaram para outra área de investigação, as chamadas consultas em linguagem natural. A ideia por detrás das consultas em linguagem natural é que pode escrever uma pergunta da mesma forma que a faria a um ser humano sentado ao seu lado - sem necessidade de ter em conta operadores booleanos ou estruturas de consulta complexas. O sítio de consulta em linguagem natural mais popular atualmente é o **AskJeeves.com**, que analisa a consulta em busca de palavras-chave que depois aplica ao índice de sítios que construiu. Só funciona com consultas simples; mas a concorrência é grande para desenvolver um motor de consulta em linguagem natural que possa aceitar uma consulta de grande complexidade.

2.2 Pesquisa do utilizador

O que pode o utilizador fazer para além de escrever algumas palavras relevantes no formulário de pesquisa? Pode especificar que as palavras têm de estar no título de uma página? E quanto a especificar que as palavras têm de estar num URL, ou talvez numa etiqueta HTML especial? Pode utilizar todos os operadores lógicos entre palavras como AND, OR e NOT?

A maioria dos motores permite-lhe escrever algumas palavras e depois procurar ocorrências dessas palavras na sua base de dados. Cada um tem a sua própria forma de decidir o que fazer em relação a ortografias aproximadas, variações de plural e truncagem. Se escrever apenas palavras na interface de "pesquisa básica" que obtém na página principal do motor de busca, também pode obter diferentes expressões lógicas que ligam as diferentes palavras. O Excite! utiliza, de facto, uma espécie de lógica "difusa", procurando o E de várias palavras, bem como o OU das palavras. A maioria dos motores tem formulários de pesquisa avançada separados, onde pode ser mais específico e fazer pesquisas booleanas complexas (exceto o Hotbot). Algumas ferramentas de pesquisa analisam etiquetas HTML, permitindo-lhe procurar coisas especificamente como ligações, ou como um título ou URL sem considerar o texto da página.

Ao pesquisar apenas nos títulos, é possível eliminar páginas com apenas breves menções a um conceito e recuperar apenas as páginas que realmente se centram no seu conceito. Ao pesquisar links, é possível determinar quantas e quais páginas apontam para o seu sítio. Compreender o que cada página faz com a pluralização não-padrão, truncagem, etc. pode ser muito importante para o sucesso das suas pesquisas. Por exemplo, se pesquisar "bicicletas", não obterá "bicicleta", "bicicletas" ou "bicicleta". Neste caso, utilizaria um motor de busca que permitisse "truncagem", ou seja, que permitisse que a palavra de pesquisa "bike" correspondesse também a "bikes", e procuraria "bicycle OR bike OR cycle" ("bicycle* OR bike* OR cycle*" em Alta Vista).

2.3 Apresentação e classificação dos resultados

Com bases de dados que podem manter toda a Web na ponta dos dedos dos motores de busca, haverá sempre páginas relevantes, mas como eliminar as menos relevantes e realçar as mais relevantes?

A maioria dos motores encontra mais sítios a partir de uma consulta de pesquisa típica do que alguma vez poderia encontrar. Os motores de busca dão a cada documento que encontram uma certa medida da qualidade da correspondência com a sua consulta de pesquisa, uma pontuação de relevância. As pontuações de relevância reflectem o número de vezes que um termo de pesquisa aparece, se aparece no título, se aparece no início do documento e se todos os termos de pesquisa estão próximos uns dos outros. Alguns motores permitem ao utilizador controlar a pontuação de relevância, atribuindo pesos diferentes a cada palavra pesquisada. Uma coisa que todos os motores fazem, no entanto, é utilizar a ordem alfabética em algum ponto do seu algoritmo de apresentação. Se as pontuações de relevância não forem muito diferentes para as várias correspondências, acabará por ter esta lamentável predefinição. Para a maioria das utilizações, um bom resumo é mais útil do que uma classificação. O resumo é normalmente composto pelo título de um documento e por algum texto do início do documento, mas pode incluir um resumo especificado pelo autor numa meta-tag. A leitura de resumos permite-lhe poupar tempo se a sua pesquisa devolver mais do que alguns itens.

Capítulo 3

<u>PENALIZAÇÕES DOS MOTORES DE BUSCA</u>

O termo "penalização" é frequentemente aplicado de forma incorrecta a coisas que não são penalizações de todo. Se um motor de busca *castiga* o seu site baixando a sua listagem (ou removendo-o completamente do índice), isso é uma penalização. Mas se um sítio simplesmente *não tem* o que é necessário para ter uma boa classificação, isso *não* é uma penalização.

As penalizações dos motores de busca estão presentes e generalizadas e são um método principal utilizado pelos motores de busca para controlar os webmasters. A menos que os webmasters saibam o que são e o que fazer em relação a elas, os seus sítios Web podem facilmente ser penalizados, perdendo tráfego e receitas.

<u>3.1 Penalidades percebidas pelos motores de busca</u>

Muitas pessoas assumem que o seu site foi penalizado se o site sofrer uma perda nas classificações dos motores de busca. No entanto, muitas destas penalizações aparentes são, na realidade, um reflexo de outras alterações ou problemas que podem estar a ocorrer nos motores de busca ou mesmo no próprio site de um webmaster.

Por exemplo, muitas pessoas publicaram recentemente mensagens nos fóruns do Search Engine Watch afirmando que os seus sites tinham sido penalizados, pois já não estavam a ser bem classificados. Após uma pesquisa mais aprofundada, o profissional de marketing de pesquisa descobriu que o problema era que o seu anfitrião tinha proibido o Google de rastrear todos os sites dos seus clientes. Como as páginas não estavam acessíveis aos motores de busca, estes retiraram-nas da base de dados. Este é um exemplo do que muitos pensavam ser uma penalização, mas que, na realidade, era culpa do alojamento web.

Outras sanções previstas incluem:

- O servidor está em baixo ou a ter problemas durante o rastreio, pelo que as páginas não são indexadas
- O ficheiro Robots.txt pode estar mal escrito
- Problemas com crawlers
- Problemas de rastreio virtual
- Problemas com o nome de domínio
- A perda de ligações faz com que a classificação desça
- As classificações descem porque outros sítios são melhores ou têm mais ligações
- Descida das classificações devido a uma mudança no algoritmo do motor de busca

Penalizações por sobre-otimização

Muitos webmasters pensam que os motores de busca podem penalizar alguns sites que "tentam demasiado". A teoria é que se tiver a sua frase de dinheiro por todo o lado - nas etiquetas <TITLE>, <H1>, <H2>, <H3>, <B> e <I>, nos parâmetros ALT e TITLE, no domínio, subdomínio, nome do diretório e nome do ficheiro, e se for repetida várias vezes ao longo da página, e se for o único texto de ligação que outros

Os motores de busca consideram que está a fazer uma tentativa flagrante de fazer batota e acabam por empurrar o seu site mais para baixo, em vez de o fazer subir. E, embora os motores classifiquem as páginas e não os sítios, pensa-se que algumas penalizações se aplicam a todo um domínio e não apenas a uma página específica maliciosa.

A questão de saber se as penalizações por excesso de otimização existem realmente tem sido muito debatida nos fóruns online, com muitos argumentos e provas convincentes em ambos os sentidos. A minha opinião é que essas penalizações existem de facto, mas que não são aplicadas de forma consistente e que é difícil dizer o que as desencadeia.

Eis um exemplo: Numa pesquisa no Google por "passagem aérea mais barata" (ver figura 3.1), apenas *um* dos dez resultados contém essa frase exacta no título! Este é um termo competitivo e há, obviamente, muitos sites a comprar para se classificarem bem para ele, por isso é inconcebível que apenas um site de alto PR esteja a usar o termo "passagem aérea mais barata" no seu título. Isto significa que os sites que utilizam o termo de pesquisa no seu título estão lá fora, mas não estão bem classificados. Esta é uma forte evidência de que o Google os penalizou.

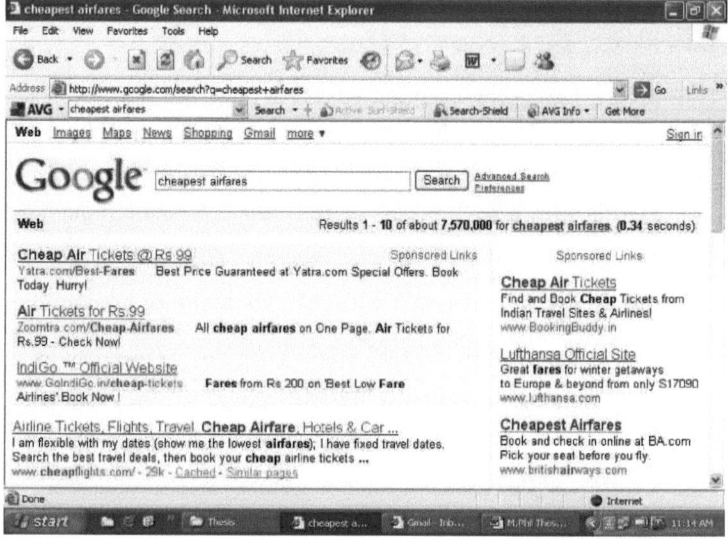

Figura: 3.1

<u>**Sanções de SEO de chapéu preto**</u>

Pensa-se que os motores punem as páginas e os sítios que utilizam métodos de

SEO que não são do agrado dos motores, os quais são designados por Black Hat SEO

Penalidade por conteúdo duplicado

Se o seu sítio for substancialmente um espelho de outro sítio, ou se as páginas do seu sítio forem substancialmente semelhantes a outras páginas do seu sítio, a sua classificação pode ser afetada.

Penalização de links pagos

O Google declarou que considera que os sites que vendem links estão a enganar o sistema e, em outubro de 2007, começou a penalizá-los. Os anúncios pagos são aceitáveis, mas os links pagos não são. Então, qual é a diferença? As hiperligações pagas são apenas hiperligações sem qualquer outro texto e, normalmente, não são relevantes para a página em que aparecem. A publicidade paga é quando o link é acompanhado por pelo menos uma ou duas frases de descrição e é relevante para a página em que aparece.

Na verdade, parece que o Google quer que os webmasters identifiquem até mesmo *os anúncios* pagos, adicionando o atributo "rel=nofollow" aos seus links de saída. Muitos webmasters estão a reagir mal a esta ideia. De qualquer modo, é mais difícil para o Google detetar anúncios pagos do que ligações pagas.

3.2 Penalização do Google

Poucas coisas assustam mais o proprietário de um sítio Web do que a possibilidade de receber uma penalização do Google. A razão para esse medo é a incerteza. Nem toda a gente sabe ao certo o que pode provocar a ira do gigante dos motores de busca. Devido a esse fator desconhecido, muitos webmasters legítimos e inteiramente honestos acreditam frequentemente que foram sujeitos a uma penalização, mesmo quando não o foram.

Parte da confusão sobre a política de penalizações do Google reside no facto de não se saber o que pode causar uma penalização. Outra área de preocupação é saber exatamente o que envolvem os vários castigos do Google e como são aplicados. Saber como evitar totalmente as penalizações, utilizando apenas técnicas de otimização acima da média, é a melhor política a utilizar por qualquer proprietário legítimo de um website.

Evitar os muitos factores de penalização conhecidos proporcionará paz de espírito e resultados muito melhores nas páginas de resultados dos motores de busca (SERPs). Os abusos graves das políticas do motor de busca Google e dos termos de serviço podem levar à expulsão total do seu Web site do gigante dos motores de busca. Devido a essa perda potencialmente devastadora de receitas para o seu negócio em linha, vale a pena utilizar apenas as melhores práticas dos motores de busca

Diferença entre uma proibição e uma sanção

Uma proibição resulta na remoção completa e total de todo o site do índice de pesquisa do Google e, geralmente, é reservada apenas para infracções graves de spam (como a utilização de bots para enviar spam para livros de visitas com o objetivo de adquirir ligações de entrada).

Uma penalização faz com que as páginas desçam na classificação, mas se procurarmos algum texto específico dessas páginas, ainda as encontramos no índice. Esta penalização está reservada para tipos menos graves de spam (como ligar demasiados sítios próprios ou incluir demasiadas palavras-chave no texto alternativo da imagem).

Tipos de penalizações do Google

1) **Penalidade de classificação -6**: Esta nova penalidade do Google atingiu os webmasters nas posições #1 sem qualquer aviso. O Google disse que foi um erro e corrigiu-o rapidamente. Mas a teoria geral é que a penalidade surgiu devido a links estagnados ou otimização excessiva.

2) **Penalidade de supressão de -30**: Esta penalização parece atingir os Web sites que se concentram no AdWords e têm muito pouco conteúdo. Normalmente, trata-se de Web sites que participam em spam de livros de visitas, utilizam redireccionamentos JavaScript (em vez de um redireccionamento 301) ou utilizam páginas de entrada. As páginas Web com hiperligações que têm palavras-chave de texto âncora redundantes parecem também cair para a posição de classificação #30+.

3) **Penalização de -50 Links Pagos**: O Google quer ver uma **etiqueta rel=nofollow** nesse link para que ele não passe o PageRank. Aqueles que tentam comprar o seu caminho para as classificações superiores através de Link Farms, Listas de Diretórios e afins viram o(s) seu(s) sítio(s) web ser(em) penalizado(s) com uma penalização de -50. Estas penalizações parecem ter sido uma grande perturbação para milhares de sítios web durante o último trimestre de 2007. Este tipo de penalização também pode ser desencadeado por trocas suspeitas de links e participação em vários esquemas de links, conforme definido nas Diretrizes para Webmasters do Google

4) **Penalização do PageRank**: Esta apareceu pela primeira vez em outubro de 2007. O Google enviou esta vaga de penalizações que visavam os Web sites que vendiam hiperligações e publicações em blogues patrocinados que passavam a classificação da página para os anunciantes. Os grandes sítios Web viram o seu número de PageRank cair drasticamente. Esta penalização do Google afectou

quase toda a gente na Internet. O que é um pouco irónico, porque o PageRank tem muito pouco a ver com os cálculos nos resultados de pesquisa.

5) **<u>Penalidade Google -950</u>**: A mais severa de todas as penalidades conhecidas do Google. Há quem pense que esta penalização é a "gota de água" e que o Google irá simplesmente remover o seu Web site do índice se não se organizar e cumprir as suas regras. Esta penalização parece ser aplicada a páginas específicas de um Web site e não a todo o Web site.

A teoria atual da penalização -950 é que tem a ver com ligações de afiliados, relevância do conteúdo e da pesquisa ou criação agressiva de ligações para uma página específica. Esta penalização é basicamente o beijo da morte, uma vez que seriam necessários muitos meses para desfazer os danos, mesmo que conseguisse tornar o seu Web site novamente limpo para o Google.

<u>Quais são algumas das penalizações do Google?</u>

Como qualquer outro órgão disciplinar, o departamento de aplicação dos termos de utilização da Google tem uma série de sanções. Existem castigos que vão desde os mais leves para os primeiros infractores e infracções relativamente pequenas aos termos de utilização. As penalizações variam até punições mais severas para infractores reincidentes de violações de termos mais graves. As sanções variam em termos de duração. As penalizações mais pequenas podem durar entre um e três meses, enquanto a penalização mais grave de banimento do índice do Google pode mesmo ser permanente.

Uma penalização do Google pode ser menor, se é que alguma penalização pode ser considerada como tal. A perda de um ponto do Google PageRank (a medida da importância de uma página Web na Internet) é uma das penalizações menos graves. É claro que isso também é relativo.

Perda de PageRank

A perda de um ponto de PageRank pode não ser tão grave, se mover uma página (lembre-se, o PageRank é para uma página e não para um site) para baixo de PR3 para PR2. Pode ser muito doloroso para o proprietário de um sítio Web se a descida do PageRank for de PR6 para PR5. É muito mais difícil subir de PR5 para PR6 do que recuperar de PR2 para PR3. Isto deve-se ao facto de a escala do Google PageRank não ser linear, mas sim exponencial, tal como a escala de Richter dos terramotos. São necessárias muitas vezes mais ligações de entrada e mais fortes para subir para o nível de PageRank seguinte, em cada passo sucessivo.

Uma punição mais severa seria a perda total do PageRank. Independentemente do PageRank atual do seu Web site, ser rebaixado para um PR0 é uma pílula amarga para engolir. É bastante provável que o Google PageRank também seja mais difícil de alcançar no futuro, embora isso seja discutível. Ninguém sabe ao certo se os amortecedores do PageRank continuarão a afetar os sites penalizados no futuro. Como sempre, o Google não está a falar.

À medida que subimos na escala de punição, utilizando as quedas do PageRank como punição, a barra a cinzento é a mais grave. Quando o Google retira a cor cinzenta do PageRank de um site, esse site é marcado como um problema grave. A ligação a esse site pode até resultar numa penalização para o site que faz a ligação. O site com a barra cinzenta é um pária do Google.

Google Sandbox: O filtro Sandbox é normalmente aplicado a sítios Web novos, mas já foi visto a ser aplicado a domínios que já existem há algum tempo. Uma vez que a maioria dos sítios Web não ultrapassa um ano, o Google implementou um filtro que impede que um novo sítio obtenha classificações decentes para termos de palavras-chave competitivos. No entanto, normalmente os sítios novos ainda podem ser classificados para termos de palavras-chave não competitivos.

Como contornar a Sandbox: O Google utiliza um sistema chamado trust rank. A ideia por detrás da classificação de confiança é que, se os sites de autoridade ligam ao seu novo site, então você também deve ser um site de autoridade e, uma vez que o Google confia nesses sites mais antigos e respeitados, também confiará no seu. Assim, o Google tira-o imediatamente da caixa de areia. Isto não é fácil de fazer, por isso, se não conseguir obter estes links, tente expandir o seu conteúdo para se classificar para muitas palavras-chave e frases-chave menos competitivas (palavras-chave de cauda longa).

Google -30: Este filtro do Google é aplicado a sites que utilizam tácticas de SEO com spam. Quando o Google descobre que está a utilizar páginas de entrada, redireccionamentos java, etc., a sua classificação desce 30 lugares.

Como contornar esta situação: Se for vítima do filtro Google -30, normalmente basta remover os elementos de spam do seu site para voltar a ser incluído. Pode sempre preencher um pedido de reinclusão, caso o pior aconteça.

Google Bombing: O Google Bombing é um filtro aplicado a sites que obtêm um grande número de links de entrada com o mesmo texto âncora. Isto levanta uma bandeira vermelha para o Google, uma vez que é extremamente antinatural que uma estrutura de links de entrada tenha exatamente o mesmo texto âncora.

Como contornar esta situação: Se o seu sítio tiver efetivamente este filtro aplicado, é muito provável que tenha sido banido dos motores de busca e um pedido de reinclusão é provavelmente a sua melhor aposta. Se o filtro não estiver aplicado mas, através da sua monitorização, vir este potencial, então poderá querer voltar atrás e pedir às pessoas que alterem o seu texto âncora, comprar alguns links com texto âncora variável, etc.

Google Bowling: Não se trata propriamente de um filtro, mas sim de uma série de técnicas de chapéu preto que farão com que seja banido. Normalmente, as pessoas usam este termo para se referirem à concorrência ou a uma página/site que querem fora das pesquisas. Normalmente, o Google bowling só é eficaz para sítios que são muito recentes e que têm uma classificação de confiança mais baixa. Tentar fazer isto a um site grande com um trust rank elevado será praticamente impossível.

Como contornar esta situação*:* O Google diz que não há nada que um concorrente possa fazer para baixar as SUAS classificações. Muitos SEO's não acreditam nisso e se você seoblackhat vende serviços para algo assim. O pedido de re-inclusão é basicamente a sua única opção.

Filtro de conteúdo duplicado do Google: Um filtro de conteúdo duplicado é aplicado a sites que utilizam conteúdo que já foi criado, armazenado em cache e indexado noutros sites. Os sítios de notícias estão normalmente isentos do filtro de conteúdo duplicado através de um trabalho manual. Normalmente, as páginas que têm este filtro aplicado não são muito bem classificadas nos serps. O Page Rank pode ser desvalorizado e, se uma página não tiver ligações de entrada, os seus resultados podem ser colocados em resultados de pesquisa omitidos e em resultados suplementares.

Como ultrapassar isto*:* Se se encontrar neste filtro, o seu primeiro passo pode ser tentar remediar o conteúdo duplicado. Contacte a pessoa que está a roubar o seu conteúdo e peça-lhe que o remova. Pode contactar o anfitrião Web da pessoa para ver se esta retira o site do ar e o último recurso é "tentar" contactar o Google e alertá-lo para o que se está a passar.

Resultados suplementares do Google: Os resultados suplementares do Google pegam nas páginas do seu site que foram indexadas e colocam-nas numa base de dados secundária no Google. Os resultados suplementares não têm uma boa classificação, mas o Google utiliza a sua base de dados suplementar para preencher os seus resultados quando não tem resultados suficientes para mostrar numa determinada consulta. Isto significa que as páginas do seu sítio na base de dados suplementar do Google não o ajudarão nos resultados.

Como ultrapassar isto*:* Na verdade, é bastante simples. Basta obter alguns links de entrada para as suas páginas. Veja este post para saber mais sobre o <u>Google Poo</u> (resultados suplementares).

Filtro de idade do nome de domínio do Google: O filtro de idade do nome de domínio do Google está intimamente relacionado com a classificação de confiança e a caixa de areia, mas é possível estar fora da caixa de areia e ter uma classificação de confiança e ainda assim estar neste filtro. A ideia subjacente a este filtro é que os sítios e os nomes de domínio mais antigos têm mais probabilidades de serem bem classificados para termos de palavras-chave do que os sítios mais recentes. Se estiver neste filtro, é muito provável que não seja bem classificado para termos competitivos até que o seu sítio envelheça.

Como contornar esta situação: Links de qualidade de sites de autoridade com um elevado nível de confiança ajudá-lo-ão a ter um desempenho muito melhor nos serps.

Filtro de resultados omitidos do Google: As páginas do seu sítio Web que estão em resultados de pesquisa omitidos não aparecerão numa pesquisa do Google, a menos que um utilizador diga especificamente para mostrar todos os resultados omitidos. Normalmente, os utilizadores nem sequer chegam à última página para o fazer, o que faz com que qualquer página sua que seja omitida fique completamente fora de um resultado de pesquisa do Google. A razão pela qual isto acontece é a falta de ligações de entrada, conteúdo duplicado, meta título duplicado, meta descrição duplicada e má ligação interna.

Como sair desta situação: Para que as páginas sejam omitidas deste filtro, basta alterar as meta tags e corrigir o conteúdo duplicado e obter alguns links de entrada de qualidade.

Filtro do Trust Rank do Google: Tal como o algoritmo do PageRank, o <u>algoritmo do trust rank</u> tem muitos factores que determinam o trust rank de um site. Alguns dos factores conhecidos são a idade de um site, a quantidade de links de autoridade de qualidade que apontam para ele, o número de links de saída que tem, a qualidade da sua estrutura de links de entrada, a estrutura de links internos e as melhores práticas gerais de SEO na estrutura de meta e url. Todos os sítios passam por este filtro e, se o seu Índice de Confiança for baixo, o mesmo acontecerá com as suas classificações nos serps.

Como trabalhar com isto*:* Um site antigo e um site novo podem ter um trust rank elevado ou um trust rank baixo. É basicamente determinado pela quantidade de links de autoridade de qualidade que apontam para ele, quantos links de saída tem, a qualidade da sua estrutura de links de entrada, a estrutura de links internos e as melhores práticas gerais de SEO na estrutura de meta e url. Optimize estes aspectos e terá uma classificação de confiança de qualidade.

filtro de página *links.htm*: Este filtro penaliza a classificação de um site determinada pela utilização de uma página links.html. A utilização de ligações recíprocas é uma técnica antiga que já não é promovida pelo Google. Este filtro afecta a sua classificação nos serps.

Como lidar com este filtro*:* Em vez de utilizar "links" como título e nome da sua página, tente utilizar algo como "mynewbuddies" ou "coolsites", pois isso ajudará a contornar este filtro. As ligações recíprocas são técnicas de SEO antigas e o Google desvaloriza as estruturas de ligações recíprocas.

Filtro de links recíprocos: O Google é muito aberto em relação às ligações recíprocas e afirma claramente que o seu algoritmo pode detetar campanhas de ligações recíprocas. Normalmente, os sites que só participam em ligações recíprocas têm dificuldade em classificar-se nos motores de busca, mas, dependendo da utilização que der ao seu site, uma campanha de ligações recíprocas pode ser exatamente o que precisa. Por exemplo, se está a construir um site de adsense, então não quer gastar muito tempo a construir um site e uma campanha de links recíprocos ajudará os links de entrada do seu site a crescer ao longo do tempo.

Filtro de Link Farming: <u>Link farms</u> são sites/páginas que têm uma grande quantidade de links não relacionados agrupados arbitrariamente. As fazendas de links também podem ser links relacionados, mas o mais comum é que não estejam relacionados. As quintas de IP e as más vizinhanças de links fazem parte da criação de links. Fazer parte de uma "link farm" pode fazer com que a sua classificação desça no Google e, possivelmente, ser banido.

Filtro de ligações CO-citation: Este filtro popular do Google observa a sua estrutura de ligações de entrada. Se o seu link estiver num site cujos links de saída estão relacionados com casinos e sites pornográficos e o seu site automóvel for um link de saída nesse site, o Google pensará que o seu site está relacionado com pornografia e casinos. Uma <u>co-citação</u> mal construída prejudicará a sua classificação e dificultará a sua boa classificação para os termos que pretende.

Filtro de demasiados links de uma só vez: Este filtro é aplicado quando um site adquire demasiados links de entrada rapidamente. O resultado pode levar a uma proibição em todos os motores de busca. A forma como estas ligações são obtidas, quantas e em que período de tempo são factores para este filtro.

Como contornar esta situação: Basta não participar em esquemas de ligações de chapéu preto e spam de ligações e nunca deverá ter problemas com isto.

Filtro de demasiadas páginas ao mesmo tempo: O Google está interessado no desenvolvimento natural do sítio. Qualquer coisa que pareça "não natural" será assinalada pelos motores de busca. O facto de ter demasiadas páginas num curto espaço de tempo vai levantar esta bandeira/filtro. Algumas pessoas acreditam que 5000 é o máximo de páginas num mês, mas este número, na minha opinião, pode flutuar dependendo de outros factores e filtros que o seu sítio possa estar a passar num determinado momento. O efeito deste filtro pode resultar na omissão de páginas, em páginas em resultados suplementares e, no caso extremo, numa proibição do Google.

Como passar por este filtro*:* Se tem um sistema que puxa conteúdos ou está a utilizar um gerador de conteúdos dinâmicos, certifique-se de que limita o conteúdo por semana e eu não ultrapassaria as 5000 páginas por mês, só para jogar pelo seguro. Dependendo da dimensão ou da notoriedade do seu sítio, o limite será ajustado.

Filtro de links quebrados: Links internos quebrados podem fazer com que as páginas não sejam rastreadas, armazenadas em cache e indexadas. Se páginas como a sua página inicial não tiverem um link para ela em todas as páginas, isso pode contar contra si nos serps e na sua pontuação de qualidade geral para coisas como PR. Isto não é apenas mau para a SEO e para o design do site, mas é mau para os seus utilizadores e pode causar pouco tráfego e uma má classificação na serp.

Como ultrapassar isto*:* Certifique-se de que tem um rodapé de qualidade, um mapa do site que abranja todas as suas páginas num único ponto central e certifique-se de que testa o seu site para verificar se existem ligações quebradas.

Filtro de tempo de carregamento da página: O filtro de tempo de carregamento da página é muito simples. Se o seu sítio web demorar muito tempo a carregar, o spider não terá tempo e passará ao lado do seu sítio ou página. Isto fará com que NUNCA seja colocado em cache e indexado. Em última análise, isto significa que o seu sítio ou página não estará presente no SERPS do Google.

Como trabalhar com isto*:* Certifique-se de que as suas páginas estão optimizadas para o tempo de carregamento. Se estiver a utilizar flash ou muitas imagens, certifique-se de que utiliza a codificação de pré-carregamento java. Certifique-se de que limita o tamanho do ficheiro da sua página tanto quanto possível para garantir que os spiders conseguem ler todo o documento e certifique-se de que utiliza as melhores práticas da web 2.0 e css.

Filtro de otimização excessiva: A otimização excessiva pode causar uma proibição do Google ou dificuldades na classificação. A otimização excessiva pode ser considerada como enchimento de palavras-chave, demasiada densidade de palavras-chave e otimização da proximidade de palavras-chave, enchimento de meta tags, etc. Evite a otimização excessiva.

A última penalização é, evidentemente, o banimento completo de um Web site do índice do motor de busca do Google. A duração do banimento de um Web site pode variar, mas muitas vezes, se o Google tomar medidas tão extremas, o banimento é permanente. Em casos menos rigorosos, após a correção das violações, o banimento pode ser levantado e o site reintegrado no índice. É provável que exista também um período de experiência para os sítios reindexados.

Que actividades podem resultar numa penalização do Google?

O Google pode aplicar uma penalização por violações dos Termos de Serviço do motor de busca http://www.google.com/terms_of_service.html. Como serviço e guia para os webmasters no desenvolvimento correto dos sítios Web, o Google disponibiliza uma página de Informações do Google para webmasters http://www.google.com/webmasters/guidelines.html. As diretrizes definidas pelo Google fornecem aos criadores de sítios Web muitas regras explícitas que devem ser seguidas.

As diretrizes para webmasters do Google contêm algumas proibições muito específicas. O tema geral das diretrizes para webmasters do Google é não tentar enganar os motores de busca. Com isso em mente, eles fornecem uma lista de sugestões fortes.

Uma das principais razões para a avaliação de uma penalização do Google é a participação em esquemas para aumentar a posição do seu sítio nos resultados dos motores de busca e para aumentar a sua classificação no PageRank. Evitar o que o Google chama de "spammers de links" e "má vizinhança".

Explorações agrícolas de ligação

Os principais culpados por este problema são as chamadas "quintas de links". Uma quinta de links existe apenas para aumentar o PageRank, exigindo a troca de links entre si e sites que, de outra forma, não estariam relacionados. Se um deles, desconhecido para si, criar um link para o seu site, o Google não o penalizará por isso. Acreditam que o utilizador não tem qualquer controlo real sobre quem liga ao seu site.

Por outro lado, o Google considera que o utilizador tem controlo total sobre o local para onde aponta os seus próprios links. Se ligar o seu site a uma quinta de links, claramente com o objetivo de aumentar o seu PageRank e a popularidade dos links, o Google irá muito provavelmente responder negativamente à sua ação. O Google utiliza o teste "ajuda os seus visitantes e, se os motores de busca não existissem, continuaria a fazê-lo". Este parece ser um teste razoável a fazer a si próprio para qualquer atividade que utilize no seu próprio Web site.

Texto oculto

O Google diz-lhe especificamente para não utilizar "texto oculto" ou "hiperligações ocultas". Também desaprova a "camuflagem" e os "redireccionamentos furtivos". O texto oculto tem normalmente a forma de palavras-chave, escritas em letras muito pequenas, normalmente na mesma cor da página Web, ou ambas. A ideia é que o texto seja lido pelo motor de busca, mas não pelo visitante do sítio. As ligações ocultas são enviadas para outros sítios, mas não são vistas pelo visitante. São frequentemente utilizados como um truque nas trocas de ligações, para evitar que os visitantes abandonem o sítio, uma vez lá. Os redireccionamentos furtivos enviam um internauta para um sítio web completamente diferente do pretendido. São frequentemente utilizados em programas de afiliados.

<u>**Outros *conselhos* do Google**</u>

O Google desaprova os programas informatizados e automatizados não autorizados para o envio de páginas e sítios e para a verificação das classificações de pesquisa. As diretrizes mencionam especificamente o facto de se evitar a popular ferramenta Web Position Gold (TM). Uma vez que estes programas utilizam uma grande quantidade de tempo e espaço de computação, constituem uma violação dos termos de serviço. Por esse motivo, as consultas automáticas são proibidas.

A utilização excessiva de palavras-chave, que claramente não se enquadram no contexto da página Web, também é fortemente desaconselhada. Trata-se claramente de uma tentativa de obter uma boa classificação para termos de pesquisa que não têm nada a ver com o sítio Web, exceto para direcionar o tráfego para o sítio a partir de resultados de pesquisa irrelevantes. Por exemplo, encher as páginas Web com os termos de pesquisa mais populares, quando nenhum deles tem nada a ver com o conteúdo do seu sítio Web, enquadra-se nesta categoria.

O conteúdo duplicado, quer se trate de páginas ou de sítios Web inteiros, é especificamente contra as diretrizes prescritas. As páginas idênticas são utilizadas para adicionar mais páginas de conteúdo e talvez para que apareçam mais resultados nas pesquisas. O algoritmo do Google tenta evitar a indexação de páginas idênticas e sítios duplicados, indexando apenas um.

As chamadas páginas de "porta de entrada", que estão repletas de todas as palavras-chave imagináveis para atrair a consulta de pesquisa e, em seguida, desviam esse tráfego através de um "redireccionamento sorrateiro" para outro sítio, são expressamente proibidas. Frequentemente utilizadas por programas de afiliados, para evitar fornecer conteúdo útil adicional, estas técnicas conduzem frequentemente a penalizações por parte do Google.

Existem muitas outras técnicas que os spammers dos motores de busca utilizam e que a Google está a tentar travar. Embora os métodos não sejam especificamente nomeados, a Google reserva-se o direito de alterar o seu algoritmo para os combater à medida que forem surgindo. O objetivo do motor de pesquisa é fornecer os melhores e mais relevantes resultados possíveis. A inclusão de sítios Web do tipo spam impede os bons webmasters de colocarem os seus sítios honestos numa posição tão elevada nos resultados como merecem.

O que se pode fazer em relação ao Spam dos motores de busca?

O Google disponibiliza uma página de denúncia de spam onde podem ser comunicadas suspeitas de práticas ilegais e pouco éticas. A página solicita o nome e o URL do sítio e as violações específicas de que se suspeita. Nas informações da página de denúncia, a Google afirma investigar cada caso denunciado. Embora isso nem sempre seja possível em termos práticos, as informações fornecidas podem ajudar a Google a reformular o seu algoritmo para evitar abusos no futuro. As alterações na forma como o Google apresenta os resultados, que visam especificamente e filtram as páginas carregadas de spam, são boas para todos.

As boas práticas dos motores de busca beneficiam toda a gente, quer se trate de um webmaster ou de uma pesquisa de informações ou produtos. Ao penalizar e até mesmo remover os sítios Web enganadores e cheios de spam do índice do Google, garante-se que todos jogam segundo o mesmo conjunto de regras dos motores de pesquisa.

Ao desenvolver um Web site de boa qualidade que respeite as diretrizes de boas práticas do Google, nunca terá de se preocupar com a possibilidade de receber uma penalização. Por outro lado, é uma boa notícia o facto de o Google tencionar repreender os proprietários de Web sites que se envolvam em práticas pouco éticas nos motores de busca.

3.3 Lista de controlo de penalizações do Google

1) Ligações a sítios proibidos

Faça um teste em todos os links de saída do seu site para ver se está a ligar a algum site que tenha sido banido pelo Google. Trata-se de sites que foram retirados da lista do Google e que apresentam uma classificação de página 0 com um indicador de classificação de página da barra de ferramentas a cinzento.

2) <u>Ligação a bairros degradados</u>

Verifique se não está a ligar a nenhuma má vizinhança *(vizinhança - ortografia dos EUA)*, a quintas de ligações ou a páginas de entrada. As más vizinhanças incluem sítios de spam e páginas de entrada, enquanto as quintas de links são apenas páginas de links para outros sítios, sem conteúdo original ou útil.

Em caso de dúvida, recomendamos que verifique a qualidade de todas as suas ligações de saída para sítios externos utilizando a ferramenta de deteção de má vizinhança. Embora esta ferramenta de SEO não seja perfeita, pode detetar "sítios problemáticos". Outra boa dica é fazer uma pesquisa no Google pelo título HTML da página inicial dos sítios para os quais tem ligações. Se os sítios não aparecerem nos 20 primeiros lugares do Google SERPS, é quase certo que se trata de domínios de baixa confiança e que se deve evitar a ligação a esses sítios.

3) <u>Penalidade de consulta automatizada</u>

As penalizações do Google podem, por vezes, ser causadas pela utilização de ferramentas de consulta automatizadas que utilizam a API do Google, especialmente quando essas consultas são feitas a partir do mesmo endereço IP que aloja o seu Web site. Estas ferramentas violam os termos de serviço do Google (conforme estabelecido nas suas Diretrizes para webmasters). O Google permite determinadas consultas automatizadas na sua base de dados utilizando as suas ferramentas analíticas e quando acede através de uma conta API do Google registada. Os tipos não autorizados de consultas automatizadas podem causar problemas, especialmente quando utilizados em excesso

4) **Penalizações por excesso de otimização**

Estas podem ser desencadeadas por técnicas de SEO inadequadas, como o link building agressivo, utilizando as mesmas palavras-chave no texto âncora da ligação. Ao gerir campanhas de construção de ligações, varie sempre o texto da ligação utilizado e incorpore uma variedade de termos de palavras-chave diferentes. Utilize uma ferramenta de análise do texto âncora das hiperligações para verificar se as hiperligações têm uma dispersão suficiente de palavras-chave. A otimização para palavras-chave de alto valor, como "Viagra", pode aumentar ainda mais o risco, por isso inclua algumas palavras-chave de cauda longa na equação. Para domínios novos, não adicione mais do que 5 novos backlinks unidireccionais por semana e utilize ligações profundas às páginas internas do Web site, em vez de se limitar à criação de ligações à página inicial.

5) **Ligação cruzada de sítios Web e esquemas de ligação**

Se tiver mais do que um sítio Web e a penalização do Google atingir todos os sítios ao mesmo tempo, verifique a interligação (ligações cruzadas) entre esses sítios. A interligação extensiva de sítios Web, especialmente se estiverem no mesmo endereço IP de classe C (mesmo ISP), pode ser considerada como "esquemas de ligação" pelo Google, violando os seus termos de serviço. Os riscos são ainda maiores quando o sítio A faz uma hiperligação para o sítio B e o sítio B faz uma hiperligação para o sítio A. Se tiver de utilizar hiperligações para todo o sítio, certifique-se de que não são hiperligações recíprocas. Os esquemas de ligação construídos em torno de ligações no rodapé de cada página Web são particularmente arriscados. A realidade é que os links para todo o site pouco fazem para aumentar a visibilidade do site no Google SERPS, nem melhoram a classificação da página mais do que um único link, uma vez que o Google só conta um link de um site para outro. A KSL Consulting também acredita que o Yahoo! aplica atualmente uma política semelhante. Há algumas evidências de que o uso extensivo de links em todo o site pode diminuir o valor de confiança do site no Google, o que pode subsequentemente reduzir a classificação

6) **Texto ou ligações ocultos**

Remova qualquer texto oculto no seu conteúdo e remova quaisquer palavras-chave ocultas. Esse conteúdo pode estar oculto utilizando CSS ou, em alternativa, o texto pode ter sido codificado para ter a mesma cor que o fundo da página, tornando-o invisível. Estas técnicas de SEO arriscadas conduzem frequentemente a uma penalização do Google ou ao banimento do sítio Web e devem ser removidas imediatamente. O mesmo se aplica aos links ocultos, que Matt Cutts declarou abertamente que violam as diretrizes para webmasters.

7) **Recheio de palavras-chave (spamming)**

Elimine o excesso de palavras-chave no conteúdo do seu sítio Web (repetições não naturais da mesma frase no corpo do texto). Utilize sempre técnicas de redação web naturais e bem escritas.

8) **Redireccionamentos automáticos de páginas**

A utilização de redireccionamentos automáticos do navegador em qualquer uma das suas páginas. Os redireccionamentos automáticos Meta Refresh e JavaScript resultam frequentemente em penalizações do Google, uma vez que as páginas que os utilizam são vistas como páginas de entrada. Esta técnica é especialmente perigosa se o tempo de atualização for inferior a 5 segundos. Para evitar penalizações do Google, utilize um redireccionamento 301 ou a técnica Mod Rewrite em vez destes métodos. Isto implica a configuração de um ficheiro .htaccess no seu servidor Web.

9) **Compra ou venda de ligações**

Verificar se existem ligações pagas (ou seja, comprar ligações de texto a fornecedores/empresas de ligações conhecidas). Existem algumas provas de que a compra de hiperligações pode prejudicar as classificações e isto ficou implícito nos comentários de Matt Cutts (um engenheiro do Google) no seu blogue SEO do Google. Matt afirma que o Google também desvalorizará os links de empresas que vendem links de texto, de modo que eles ofereçam valor zero ao destinatário em termos de melhoria da classificação do site ou do Page Rank. Mais recentemente, o Google aplicou uma penalização de Page Rank a vendedores de links conhecidos e a muitos diretórios de baixa qualidade.

10) <u>Campanhas de construção de ligações recíprocas</u>

 O excesso de ligações recíprocas pode desencadear uma penalização do Google ou causar a aplicação de um filtro SERPS quando o mesmo texto âncora de ligação, ou um texto muito semelhante, é utilizado repetidamente e é adicionado um grande número de ligações recíprocas num período de tempo relativamente curto.

 Os perigos são agravados pela adição de ligações recíprocas a sites de baixa qualidade ou a sites com um tema não relacionado. Isto pode levar a uma penalização por excesso de otimização de backlinks (conhecida como BLOOP pelos especialistas em SEO!). Uma penalização por excesso de otimização de backlinks do Google provoca uma queda súbita na classificação SERPS (frequentemente grave). Para evitar este problema, a troca recíproca de hiperligações só deve ser utilizada como parte de uma estratégia de SEO mais sustentável que também crie hiperligações unidireccionais de qualidade para o conteúdo original do sítio Web. A adição de ligações recíprocas a sítios não relacionados é uma estratégia de SEO arriscada, tal como a troca de ligações recíprocas com sítios Web de baixa qualidade. Para ajudar a identificar parceiros de troca de hiperligações de qualidade, utilizamos um teste simples mas eficaz: independentemente da classificação da página indicada, se não conseguir encontrar a página inicial de um sítio Web nos 20 *primeiros* resultados de pesquisa do Google (SERPS) quando procura as *primeiras 4 palavras* do título HTML completo de um sítio (apresentado na parte superior da janela do

Internet Explorer), a troca de hiperligações recíprocas com esse sítio pode oferecer poucas vantagens. Não se esqueça de verificar se os potenciais parceiros de links recíprocos também têm um tema semelhante ao da sua página inicial.

11) **Afiliados finos e sítios "Made for Adsense**

É um facto bem conhecido que o Google não gosta de sítios de afiliados com pouco conteúdo e o mesmo se aplica a sítios "feitos para o Adsense". Certifique-se sempre de que os sítios de afiliados têm conteúdo original de qualidade se não quiser que sejam filtrados dos resultados de pesquisa quando alguém preencher um relatório de spam do Google. Já tivemos a experiência pessoal de sites de afiliados que receberam uma penalização do Google, por isso não gaste tempo e dinheiro em SEO em tais sites sem o conteúdo correto.

3.4 Estratégia de recuperação de penalizações do Google

A recuperação de uma penalização do Google envolve normalmente a correção da causa do problema e, em seguida, esperar que o Google remova quaisquer penalizações por excesso de otimização ou filtros SERPS. O algoritmo do Google pode remover automaticamente as penalizações se o Web site afetado ainda estiver indexado no Google. Para verificar se um determinado sítio Web ainda está indexado no Google, consulte a nossa página de indexação do Google. Se o seu Web site tiver sido desindexado pelo Google e tiver perdido a classificação da página, terá de efetuar um pedido de reinclusão ao Google. Quando o motivo da penalização é claro, é útil fornecer detalhes de quaisquer alterações que tenha efectuado para corrigir violações das diretrizes para webmasters do Google.

A melhor estratégia de recuperação de qualquer penalização do Google é verificar o SEO Chat Forum para quaisquer alterações recentes do algoritmo do Google e avaliar as alterações recentes feitas no seu sítio Web *antes* da queda súbita na classificação do Google. Não se esqueça de verificar a sua estratégia de criação de hiperligações, uma vez que uma SEO deficiente causa frequentemente penalizações do Google. Comece por remover quaisquer ligações recíprocas para sítios Web de baixa qualidade ou sítios que não tenham relevância para o tema do seu sítio Web.

Capítulo 4

<u>SPAM NOS MOTORES DE BUSCA</u>

O Web spam é definido como a ação deliberada de induzir em erro o motor de busca, de modo a que este apresente resultados de pesquisa redundantes e inadequados, classificando as páginas num nível superior ao que merecem. Os sítios Web inadequados oferecidos não têm qualquer relação com a consulta de pesquisa efectiva. Os resultados redundantes são resultados muito semelhantes que se repetem frequentemente para o motor de busca, tornando mais difícil para o utilizador encontrar a página pretendida. Por conseguinte, pode dizer-se que o principal objetivo do web spam é criar páginas com o único propósito de atrair referências dos motores de busca para essas páginas ou para outras páginas relacionadas. O spam na Web é também conhecido como spamming nos motores de pesquisa ou spamdexing

O ato de praticar spam na Web leva à degradação da qualidade dos resultados da pesquisa e dificulta a satisfação das necessidades de informação do utilizador, o que também faz aumentar gradualmente a frustração e a desconfiança em relação à experiência de pesquisa. Não é só ao nível do utilizador que o web spam apresenta essas desvantagens, mas também ao nível do motor de pesquisa, causando poluição do corpus ao inundar o motor de pesquisa com um número infinito de páginas irrelevantes que perturbam a classificação dos resultados. Os motores de pesquisa afirmam também que o web spam tem por objetivo prejudicar a largura de banda de rastreio dos motores de pesquisa, uma vez que estão a ficar disponíveis demasiadas páginas para indexação. Uma questão que se coloca aos proprietários de sítios Web é a de classificar os seus sítios como os primeiros resultados que aparecem quando o utilizador faz uma pesquisa na Web, a fim de se manter na liderança do concurso de popularidade.

O seu objetivo é ter o maior número possível de ligações de entrada para o sítio, a fim de aumentar o tráfego e, consequentemente, obter resultados de classificação elevados.

Por conseguinte, a utilização de técnicas de spamming, como o spam de conteúdos e de ligações, tornou-se comum e o motor de busca teve de encontrar formas de lidar com elas.

No início, era fácil identificar os autores de spam, uma vez que havia tipos específicos de cabeçalhos formados que só eram gerados por determinados tipos de programas. À medida que as técnicas de spam avançavam, era possível criar codificações ocultas e meta-spam sem deixar rasto. Gradualmente, como os profissionais de marketing queriam aumentar a atratividade do seu sítio e captar a atenção do utilizador, muitos sítios Web continham palavras-chave populares, como "banco" ou "férias", que redireccionavam o utilizador para o sítio Web de uma empresa com fins lucrativos. Outras empresas compram anúncios baseados em palavras-chave para melhorar o conteúdo das suas páginas. Muitos spammers estão a descobrir novas formas de alterar artisticamente a classificação dos seus sítios, recorrendo geralmente a técnicas como keyword stuffing, link spam e cloaking.

4.1 Tácticas de Spamming

Seguem-se algumas das tácticas comuns identificadas como spam nos motores de busca:

Cloaking (camuflagem): Quando uma página é apresentada aos rastreadores dos motores de busca para obter uma boa classificação, mas uma versão diferente da página é apresentada aos utilizadores dos motores de busca. Por vezes, envolve a alteração de meta tags após o posicionamento.

Spoofing/Redirects/Meta Refresh: Uma meta tag de atualização permite que os visitantes sejam automaticamente levados para uma página diferente. Quando utilizada de forma abusiva, os utilizadores são levados para conteúdos não relacionados com a sua pesquisa. Assim, os motores de busca desconfiam de páginas com uma taxa de meta-refrescamento rápida. As páginas que utilizam JavaScript para efetuar o redireccionamento também são suspeitas. Utilize o redireccionamento do lado do servidor se for necessário um redireccionamento legítimo.

Spamming de domínios: Sites idênticos encontrados sob diferentes nomes de domínio para aumentar o tráfego dos motores de busca, também conhecidos como sites espelho.

Texto minúsculo: Utilizado em demasia para ocultar o preenchimento de palavras-chave.

Texto invisível: Utilizado para ocultar o preenchimento de palavras-chave, tornando as palavras-chave preenchidas da mesma cor que a página (branco sobre branco).

Título e etiquetas enganadores: Palavras-chave irrelevantes no título e nas meta tags.

Ligações enganosas: Criação de páginas/links com o único objetivo de enganar os motores de busca.

Submissão excessiva: Utilizar o formulário AddURL para submeter centenas de páginas enganadoras.

Os investigadores descobriram vários tipos de spam nos motores de busca. Em termos gerais,
estas técnicas de spamming podem ser classificadas em três categorias:

1) Spam de conteúdos

2) Spam de ligações
3) Spam de ocultação de páginas

1) Spam de conteúdos

O spam de conteúdos significa alterar o conteúdo real que aparece num sítio Web para que os motores de pesquisa possam ver partes do sítio Web de forma diferente. Normalmente, os motores de pesquisa utilizam o modelo de espaço vetorial para facilitar a filtragem e a recuperação de informações dos sítios Web. A alteração do conteúdo de um determinado sítio Web pode ocorrer em vários domínios, como o corpo do documento, o título, as meta tags ou o URL da página. O spam de conteúdo mais comum é a inserção de texto invisível num documento

a) Palavras-chave repetidas: As palavras-chave são repetidas muitas vezes no documento. Estas

A técnica é bastante eficaz se os algoritmos de classificação dos motores de busca derem mais peso à frequência da palavra de consulta.

b) Mais palavras de consulta: Para adicionar um dicionário na parte inferior da página Web. As palavras

também pode ser definido como invisível ou minúsculo. A vantagem que os remetentes de spam podem tirar desta técnica é que a página será atingida por muitas palavras de consulta, porque o dicionário faz agora parte da página. Uma variante desta técnica é a síntese de páginas, em que os remetentes de spam geram milhares de milhões de páginas, cada uma com um termo ou frase de consulta popular.

c) Spam de texto alternativo: Encher o texto alternativo com listas de palavras-chave. A etiqueta Alt foi inicialmente inventada para descrever o conteúdo das imagens na página HTML. Os utilizadores podem não as ver, exceto quando passam o rato sobre a imagem, mas os motores de busca podem extraí-las. Assim, alguns remetentes de spam podem adicionar muitas palavras-chave não relacionadas dentro da etiqueta Alt para que a página seja atingida por mais pesquisas.

d) Tag de título: Para adicionar mais palavras ou palavras-chave de spam repetidamente à parte da etiqueta de título. A etiqueta de título é utilizada para descrever o título da página, de modo a dar uma ideia geral da página, pelo que alguns motores de busca dão mais importância ao texto contido na etiqueta de título. Os autores de spam podem encher esta etiqueta com muitas palavras não relacionadas. Por isso, se o motor de pesquisa atribuir um peso elevado às palavras da etiqueta de título, a página terá uma classificação mais elevada para estas palavras de spam.

e) Meta description tag: Esta é a mesma técnica de spam que a etiqueta de título. A meta tag de descrição permite ao designer da página dar uma breve descrição da página. Se forem colocadas aqui palavras não relacionadas e o algoritmo do motor de busca também indexar a página com base na descrição, a página será atingida por essas palavras não relacionadas.

f) Meta keywords tag: A etiqueta meta keywords foi inventada para mostrar as palavras-chave desta página, tal como a secção de palavras-chave de um trabalho académico. Alguns motores de busca podem dar grande importância às palavras que aparecem aqui. Por isso, os autores de spam querem tirar partido deste facto, colocando muitas palavras não relacionadas nesta etiqueta.

2) Spam de ligações

O spam de hiperligações centra-se na informação de hiperligações do motor de busca para a classificação. Atribui uma classificação mais elevada aos sítios Web que têm ligações de entrada de outros sítios Web altamente classificados. Para aumentar as ligações de entrada de um sítio Web, normalmente cria ligações nepotistas a partir dos seus próprios sítios (fazendas de ligações), de sítios parceiros (troca de ligações) ou de outros sítios não afiliados onde existam blogues, livros de visitas ou fóruns. Estas técnicas têm como objetivo influenciar o algoritmo de classificação do motor de busca, como o algoritmo HITS ou o algoritmo PageRank.

a) Fazendas de links: Cada página tem uma coleção de ligações que apontam para quase todas as outras páginas. Alguns algoritmos de classificação podem atribuir às páginas uma classificação mais elevada se existirem muitas outras páginas com ligações para elas. Assim, ao construir o viveiro de ligações, cada página terá uma classificação mais elevada e uma nova página-alvo apontada por algumas páginas dos viveiros de ligações terá também um valor mais elevado.

b) Troca de links: Os proprietários de sítios Web prometem adicionar uma hiperligação ao seu sítio desde que coloque uma hiperligação para os sítios deles, independentemente de estes sítios serem de um tema semelhante. Normalmente, os proprietários mostram explicitamente esta intenção nas suas páginas Web ou podem enviar mensagens de correio eletrónico a outros proprietários de sítios pedindo uma troca de ligações.

c) Compra de hiperligações: Alguns sítios Web compram ligações para eles a partir de outros sítios que fornecem este serviço.

d) Domínios expirados: Os spammers compram os domínios expirados e colocam-lhes conteúdo inútil. Como alguns domínios expirados podem ter sido bons no passado, ainda têm alguns bons valores de PageRank.

e) Páginas de entrada: Páginas Web que consistem inteiramente em hiperligações. Normalmente, as hiperligações dentro desta página de entrada apontam para páginas dentro deste sítio Web, como uma página de índice. Alguns spammers podem construir muitas páginas de entrada com o objetivo de obter uma classificação mais elevada.

f) Spam de bombardeamento de hiperligações: O texto âncora de uma ligação descreve incorretamente a página de destino. Alguns motores de busca avaliam o conteúdo de uma página pelo texto-âncora das hiperligações que apontam para a página. Assim, devido ao link bombing spam, a página de destino será classificada numa posição elevada para algumas palavras de consulta não relacionadas que apenas aparecem no texto âncora dos links que apontam para ela. Este link bombing spam é frequentemente designado por Google bombing

g) Comentários ou spam em blogues: Os autores de spam adicionam ligações de lixo em blogues ou sistemas wiki. Como alguns blogues ou sítios Web wiki têm boa reputação, os autores de spam pretendem tirar partido do facto de gerarem este spam de comentários.

h) Síntese de hots: Os autores de spam inventam nomes de anfitriões dentro de um domínio próprio.

i) Spam de links de afiliados: Várias lojas em linha bem conhecidas oferecem programas de afiliados, ou seja, se a indicação de um sítio se traduzir numa transação, o proprietário do sítio pode receber algum dinheiro com essa indicação. Os autores de spam começaram a construir sites com o único objetivo de obter os benefícios destes programas de afiliados. Por exemplo, os spammers copiam todas as páginas da amazon.com ou ebay.com e adicionam links de afiliados na página. Estas páginas são apenas páginas duplicadas sem qualquer informação adicional para os internautas.

3) Spam de ocultação de páginas

O spam baseado na ocultação de páginas apresenta conteúdos diferentes e, normalmente, mais conteúdo aos motores de busca para obter uma melhor classificação para a página.

a) Camuflagem de IP: Servir conteúdos diferentes a um motor de pesquisa em vez de aos utilizadores da Web de acordo com os diferentes endereços IP dos clientes. Normalmente, o servidor Web pode identificar os robôs das empresas de motores de busca pelo endereço IP e enviar-lhes conteúdos diferentes da página servida aos utilizadores normais.

b) Camuflagem baseada no User-Agent: O user-agent é utilizado no pedido para mostrar qual o cliente que envia o pedido. Exemplos de valores atribuídos ao campo user-agent incluem o browser e o robot do motor de busca. À semelhança da camuflagem de IP, um servidor Web pode fornecer páginas diferentes com base em diferentes agentes de utilizador.

c) Redireccionamentos: A página de origem é concebida com muitas técnicas de spamming para ser vista pelo motor de busca, enquanto o redireccionamento para uma nova página de destino é utilizado quando um navegador real pede a página.

d) Spam baseado em camadas: As camadas CSS (Cascading Style Sheets) são conceitos novos na conceção de páginas Web 2. As camadas podem ser vistas como segmentos de páginas HTML e as CSS podem ser utilizadas para mostrar diferentes camadas numa página. Alguns remetentes de spam definem a camada como invisível quando, na realidade, o conteúdo do spam está na camada. O utilizador normal não consegue ver o conteúdo spam, mas os robôs dos motores de busca conseguem. Esta técnica de spam é semelhante ao spam de palavras invisíveis.

Outro spam

Para além das três categorias de técnicas de spam acima referidas, existem ainda vários outros tipos especiais de spam.

a) Duplicação de spam: Os autores de spam copiam bons conteúdos de sítios Web bem conhecidos para criar as suas próprias páginas, a fim de enganar os utilizadores da Web, fazendo-os crer que são autoridades nesta área, mas na realidade têm o seu próprio objetivo. Por exemplo, os autores de spam copiam conteúdos do dmoz 3 ou da Wikipédia 4 para os seus próprios sítios e, em seguida, colocam ligações para sítios de spam nessas páginas ou simplesmente colocam publicidade, como o AdSense do Google 5, nas páginas.

b) Spam de duplicação parcial: Os autores de spam copiam parágrafos de diferentes sítios Web bem conhecidos e juntam-nos aleatoriamente para criar as suas próprias páginas Web.

c) Síntese geral de páginas: Os autores de spam criam muitos documentos sintéticos.

d) Query spam: Os autores de spam enviam consultas-robô aos motores de busca para poluir os seus registos de consultas.

e) Spam da barra de ferramentas: Os autores de spam enviam dados falsos de barras de ferramentas aos motores de busca para poluir os seus registos de barras de ferramentas.

Capítulo 5
<u>INQUÉRITO SOBRE OS SISTEMAS ANTI-SPAM</u>
<u>EXISTENTES</u>
<u>TÉCNICAS</u>

O spam nos motores de busca é a utilização de métodos pouco éticos para manipular os resultados da classificação dos motores de busca e colocar as páginas numa posição mais elevada do que deveriam. Alguns peritos consideram o spam nos motores de busca como um dos maiores desafios para os motores de busca da Web. A maior parte delas pode ser classificada em três categorias principais:

- Spam baseado em conteúdos

- Spam baseado em ligações

- Spam baseado na ocultação de páginas

Os pormenores destas técnicas de spam foram apresentados no capítulo anterior.

Inicialmente, os motores de pesquisa utilizavam algoritmos tradicionais de recuperação de informação, como o TFIDF, para classificar as páginas Web para uma determinada consulta. Durante este período, surgiu o spam baseado em conteúdos. Por exemplo, os autores de spam utilizam palavras-chave repetidas muitas vezes numa página ou inserem palavras-chave não relacionadas para que a página corresponda a mais consultas.

Para melhorar a qualidade da pesquisa, foram propostos algoritmos de classificação baseados em ligações, como o PageRank e o HITS. A filosofia básica destes algoritmos de classificação baseados em ligações é que as ligações na Web são uma espécie de votos nas páginas Web de destino. Mais votos ou votos de melhor qualidade são bons

59

sinais de que as páginas-alvo são de elevada autoridade. Os algoritmos de classificação baseados em hiperligações foram bons no combate ao spam baseado em conteúdos. Mas rapidamente o spam baseado em ligações evoluiu. Os autores de spam começaram a criar fazendas de ligações ou estruturas de ligações artificiais para aumentar a popularidade das ligações de determinadas páginas. Cada vez mais comentários com ligações inúteis aparecem também em sistemas de edição pelos leitores, como blogues e sistemas wiki. Em resposta, os investigadores propuseram vários métodos para combater o spam de ligações e este tópico continua a ser importante atualmente. O spam baseado na ocultação de páginas não é necessário para o funcionamento do spam baseado no conteúdo ou no link, mas continua a ser um problema difícil para os motores de busca. Por exemplo, a camuflagem (cloaking) é um tipo de spam baseado na ocultação de páginas e vários motores de pesquisa populares consideram a camuflagem como spam

Técnicas utilizadas contra diferentes tipos de spam

Até à data, não existe um método único capaz de ultrapassar todas estas técnicas de spamming. Os investigadores propuseram ou aplicaram diferentes métodos para combater as diferentes técnicas de spamming. Estas diferentes abordagens para combater o spam são mostradas na Figura 5.1

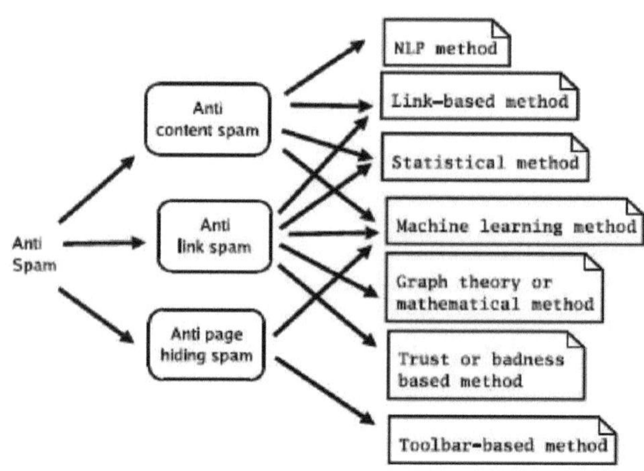

Figura 5.1 : Técnicas contra diferentes tipos de spam

5.1 Técnicas de combate ao spam baseado em conteúdos

Tal como descrito na secção anterior, o spam baseado no conteúdo pretende alterar o conteúdo das páginas Web para fins de spam. Normalmente, o objetivo das técnicas de spamming baseadas em conteúdos é manipular os algoritmos de classificação baseados em TF-IDF.

Os investigadores apresentaram várias abordagens para combater o spam baseado em conteúdos. Foi proposta uma abordagem de processamento da linguagem natural (PNL) para combater o spam baseado em conteúdos. **Westbrook e Greene [101]** utilizam a análise semântica do conteúdo textual para detetar o spam. Criaram um analisador de páginas de spam baseado em algumas caraterísticas, incluindo o comprimento médio das frases, a frequência da ocorrência de palavras de paragem e a análise das partes do discurso. De acordo com o seu relatório, é ainda necessário mais trabalho para que esta abordagem de PNL produza resultados úteis.

Os algoritmos de classificação com base nas ligações, como o PageRank e o HITS, podem ser utilizados para combater o spam com base nos conteúdos. Estes algoritmos de classificação baseados em ligações, que são propostos principalmente para melhorar o desempenho da classificação, podem ser a solução mais importante para atenuar o efeito do spam baseado em conteúdos. Os algoritmos de classificação baseados em ligações atribuem a cada página um valor de autoridade para mostrar relativamente a importância dessa página em comparação com outras páginas. Um valor de autoridade mais elevado significa uma maior importância. Com a invenção desta pontuação de autoridade baseada em ligações, os motores de busca estão a utilizar a combinação da pontuação TF-IDF e da pontuação de autoridade para os seus sistemas de classificação. Por conseguinte, as páginas que utilizam apenas técnicas de spamming baseadas no conteúdo já não podem ser classificadas numa posição elevada.

Foram explorados métodos de aprendizagem automática para combater o spam baseado nos conteúdos. Ntoulas et al. [102] descrevem o método de deteção de páginas de spam com base nas caraterísticas geradas a partir do conteúdo das páginas. Extraem caraterísticas heurísticas, como o número de palavras no título da página ou a fração de palavras globalmente populares, e treinam um classificador para diferenciar as páginas de spam das páginas não spam. Os bons resultados obtidos indicam que a aprendizagem automática é uma direção promissora para combater o spam baseado em conteúdos.

5.2 Técnicas para combater o spam baseado em ligações

Os algoritmos de classificação baseados em ligações tiveram um bom desempenho quando foram introduzidos pela primeira vez. O grande êxito do Google 1 é um bom exemplo. Com a publicação do PageRank [104] e do HITS [105] e o grande êxito dos motores de pesquisa que adoptaram algoritmos de classificação baseados em ligações, os autores de spam envidam cada vez mais esforços para manipular a estrutura das ligações a fim de aumentar as suas classificações. Várias técnicas populares de spam de ligações incluem as "link farms", o spam de comentários e o "link bombing

Técnicas contra as quintas de links

Um parque de ligações é um conjunto de páginas ou sítios que estão densamente ligados entre si. Uma vez que se acredita que os link farms são prejudiciais para os algoritmos de classificação baseados em links, os investigadores estudaram as caraterísticas dos link farms e propuseram diferentes técnicas para resolver este problema.

Foram propostas as seguintes abordagens para combater as quintas de ligações.
Pode ser utilizada uma abordagem baseada na teoria dos grafos para detetar "link farms". Wu e Davison utilizaram um grafo bipartido para detetar spam em [103]. Os

pormenores deste método serão discutidos mais adiante neste livro.

Alguns investigadores propuseram a utilização de abordagens estatísticas para detetar quintas de links. Cafarella e Cutting , por exemplo, mencionaram que um motor de busca pode procurar estruturas de ligações estatisticamente invulgares para combater o spam de quintas de ligações. Fetterly et al. descreveram a utilização de análise estatística para encontrar spam [106] e, no seu artigo, contém vários gráficos de distribuição, como a distribuição do número de nomes de anfitriões diferentes mapeados para o mesmo endereço IP ou a distribuição de graus de saída. A maioria dessas distribuições é bem modelada por fórmulas como a lei da potência. Os valores anómalos destas curvas são assinalados como candidatos a spam. A avaliação manual mostra que a abordagem estatística tem uma precisão muito boa na deteção de "link farms".

A abordagem de aprendizagem automática pode ser utilizada para detetar "link farms". Amitay et al. [107] propuseram a utilização de algoritmos de categorização para detetar a funcionalidade de um sítio Web. Embora o seu trabalho não visasse a deteção de spam na Web, identificaram 31 grupos, cada um dos quais parece ser um anel de spam. Recentemente, Becchetti et al. propuseram a construção de classificadores para detetar quintas de links. Para além de utilizarem algumas caraterísticas típicas, acrescentaram novas caraterísticas na construção do classificador, incluindo o valor TrustRank, o valor Truncated PageRank e os apoiantes estimados.

Técnicas contra o spam geral de hiperligações

Para além das quintas de links, existem muitos outros formatos de manipulação de links. Neste livro, designamo-los por "spam geral de hiperligações", independentemente do formato especial de cada técnica individual. Algumas técnicas gerais de spam de links bem conhecidas incluem as seguintes:

- Troca de ligações.

- Comentário spam: ligação em blogues ou sítios Web wiki.

- Compra de ligações.

Uma solução unificada para estas técnicas consiste em avaliar a utilidade de uma ligação, a fim de decidir se deve ser mantida ou reduzida. Foram publicadas várias técnicas de diferentes ângulos para combater o spam de ligações em geral.

A noção de confiança pode ser utilizada para combater o spam de ligações. O algoritmo TrustRank foi proposto para combater o spam na Web [108]. O TrustRank baseia-se no conceito de confiança nas redes sociais, partindo do princípio de que as boas páginas apontam geralmente para boas páginas e raramente geram ligações para páginas de spam. Assim, começam por selecionar um grupo de páginas de confiança e atribuem-lhes pontuações de confiança, enquanto as restantes páginas Web recebem zero pontuações de confiança. De seguida, seguem o esquema de propagação PageRank semelhante, em que a pontuação de confiança é propagada do conjunto de sementes para todas as outras páginas acessíveis na Web. Finalmente, após a convergência, as páginas com pontuações de confiança elevadas são normalmente páginas boas e as páginas de spam têm normalmente pontuações baixas. A fórmula para o TrustRank é:

$$t = \alpha * T * t + (1 - \alpha) * d$$

em que t é o vetor de pontuação de confiança, a é o fator de decaimento, T é a matriz de transição e d é o vetor de pontuação de confiança normalizado para o conjunto de sementes.

Bharat e Mihaila apresentaram o algoritmo Hilltop [109] para identificar páginas especializadas na Web. Este algoritmo propõe-se gerar bons resultados de classificação, mas também tem o efeito de combater o spam. Em primeiro lugar, indexaram apenas páginas Web especializadas, criadas com o único objetivo de encaminhar as pessoas para recursos úteis. Em seguida, para cada consulta, apenas os links de saída das páginas especializadas mais relevantes são selecionados como candidatos. Para cada um destes candidatos, é calculada uma pontuação-alvo com base na consulta e no texto-âncora destas ligações candidatas. Finalmente, é devolvida como resposta uma lista de ligações com a ordem dessa pontuação-alvo.

O bombardeamento de links (também conhecido como bombardeamento do Google) também é uma técnica de spam de links. Muitas páginas apontam para uma determinada página com o mesmo texto âncora específico, com o objetivo de aumentar a classificação dessa página nos motores de busca para a consulta igual ao texto âncora. Adali et al. analisaram este tipo de bomba de ligações e provaram que todos os nós que apontam diretamente para a página da vítima e mais ninguém são a melhor organização para o grupo atacante. Além disso, também discutiram o padrão ótimo se o grupo atacante se quiser esconder. Embora digam "bomba de links", na realidade estão a falar de uma "quinta de links".

5.3 Técnicas para combater o spam baseado na ocultação de páginas

Para além do spam de conteúdos e do spam de ligações, outra grande categoria de técnicas de spam é o spam de ocultação de páginas. Algumas técnicas conhecidas dentro desta categoria incluem a camuflagem e o redireccionamento de páginas.

Cararella e Cutting [110] mencionaram que os motores de busca penalizarão os sítios que utilizem cloaking.

Chellapilla e Chickering [111] estudaram o grau de camuflagem entre os resultados de pesquisa para duas categorias de consultas: popularidade e monetizabilidade. Geram consultas candidatas a partir dos registos de consultas dos motores de busca e dos registos de cliques em publicidade online. Além disso, eles propuseram a utilização da diferença de frequência de termos normalizados para calcular a pontuação da camuflagem. Os resultados mostraram que cerca de 73% dos URLs camuflados para consultas populares são spam, enquanto mais de 98% dos URLs de pesquisa monetizáveis camuflados são spam.

O Strider é um sistema para identificar spammers através da análise de redireccionamentos em páginas Web. Como ponto de partida, é utilizada uma lista de URLs de spam confirmados. Esta lista é então expandida adicionando mais URLs que co-ocorrem com qualquer URL desta lista em livros de visitas ou sítios Web de fóruns. Este processo repete-se até a lista convergir. Para filtrar os falsos positivos da lista, um navegador é lançado para visitar todos os URLs da lista. O redireccionamento é registado e os domínios de destino mais populares após o redireccionamento serão marcados como sítios de spam. Todos os sítios associados aos sítios de spam marcados serão também marcados como sítios de spam.

Capítulo 6

DETECÇÃO DE QUINTAS DE LIGAÇÕES

A partir deste capítulo, propomos diferentes algoritmos para combater diferentes técnicas de spam nos motores de busca. Este capítulo explora algoritmos para a deteção de spam de criação de links.

Um parque de links é uma rede de sítios Web densamente ligados entre si. Quando os algoritmos baseados em ligações, como o HITS e o PageRank, apareceram pela primeira vez, funcionaram bastante bem e conseguiram gerar resultados bastante relevantes para determinadas consultas. Mas as quintas de links podem afetar muito estes algoritmos.

Um viveiro de ligações tem normalmente a estrutura de um subgrafo completo ou quase completo. Por conseguinte, o viveiro de links é um exemplo do **efeito da comunidade fortemente unida ("TKC")**. Dado que os TKC podem ter um impacto significativo nos algoritmos de classificação baseados em vectores próprios, como o HITS ou o PageRank, é necessário detetar os parques de ligações e atenuar o seu efeito no processo de classificação.

Quando foram introduzidos pela primeira vez, algoritmos como o HITS (cuja variante se encontra no motor de busca Teoma, que alimenta o Ask.com) tiveram um bom desempenho no combate ao spam de conteúdos e deram resultados bastante relevantes. No entanto, com o aparecimento do spam de ligações, o HITS deixou de ser robusto. Para demonstrar este facto, foram recolhidas páginas Web para centenas de consultas e aplicou-se-lhes o HITS em 2004. Uma análise manual desses resultados indicou que mais de 80% das consultas testadas foram distorcidas por comunidades de spam Neste capítulo, são propostas duas abordagens eficientes para combater as quintas de links.

As experiências mostram que ambas as ideias podem detetar eficazmente as quintas de links e melhorar significativamente o desempenho da classificação.

Estudámos dois algoritmos apresentados por **Baoning Wu, da** Universidade de **Lehigh,** na sua investigação de 2007[113], para detetar explorações agrícolas de ligações.

Propomos a utilização do conceito de hiperligação completa, ou seja, o alvo da ligação juntamente com o seu texto âncora como unidade básica para cada ligação. Para criar páginas duplicadas ou construir quintas de ligações, muitas ligações são intencionalmente criadas e duplicadas. Se conseguirmos identificar estes links copiados, as páginas duplicadas e as quintas de links podem ser detectadas. A nossa intuição aqui é que a duplicação de um link completo é um sinal muito mais forte deste comportamento de cópia do que apenas um alvo de link duplicado. Com base neste conceito, extraímos uma ou mais ligações completas de cada documento HTML e construímos uma matriz de hiperligações do documento para estas páginas. O subgrafo bipartido dentro dessa matriz é um bom indicador de fazendas de links.

A segunda abordagem consiste em gerar, em primeiro lugar, um conjunto de sementes de páginas susceptíveis de serem spam e, em seguida, fazer uma propagação limitada do spam ao longo das ligações de entrada das páginas do conjunto de sementes. Inicialmente, utilizamos um método simples mas eficaz baseado nos conjuntos de ligações comuns nas ligações de entrada e de saída das páginas Web para selecionar o conjunto de sementes. Em seguida, expandimos o conjunto de sementes para incluir mais páginas dentro de determinadas quintas de ligações. Por fim, o conjunto de páginas expandido é utilizado em conjunto com algoritmos de classificação, como o HITS ou o PageRank, para gerar novos resultados de classificação. É importante notar que, em ambas as nossas abordagens, propomos a ideia de eliminar ou reduzir a ponderação das hiperligações em vez de eliminar as páginas que contêm essas hiperligações quando penalizamos o comportamento das quintas de hiperligações. Acreditamos que esse é um método mais apropriado porque algumas páginas com bom conteúdo podem utilizar técnicas de spam, como participar de uma fazenda de links. Ao penalizar as hiperligações sem eliminar estas páginas, continuamos a disponibilizar bom conteúdo aos utilizadores, mas reduzimos os seus benefícios ao aderirem a parques de hiperligações.

6.1 Antecedentes

Se considerarmos a Web como um grafo, com as páginas representadas por nós e as ligações entre páginas como arestas que ligam os nós, podemos utilizar uma matriz de adjacência M para representar a Web, ou seja, M[i, j] é 1 se existir uma ligação da página i à página j, caso contrário é 0.

Foram propostos diferentes algoritmos de classificação de autoridade com base nesta matriz de adjacência e vários deles mostraram inicialmente um desempenho bastante bom. O PageRank e o HITS são os mais famosos destes algoritmos.

Atualmente, existem três factores principais que podem degradar os algoritmos de classificação baseados em ligações, como o HITS e o PageRank:

- "Relações de reforço mútuo" em que uma página é alvo de muitas hiperligações de várias páginas do mesmo sítio Web ou, em alternativa, uma página que aponta para muitas páginas de outro sítio Web. A frase genérica incluiria também as explorações de hiperligações e as boas relações.

- A existência de muitas páginas duplicadas, o que faz com que os links citados nelas sejam bem classificados.

- Link farms em que um conjunto de páginas Web está densamente interligado.

Com o grande sucesso dos algoritmos de classificação baseados em ligações nos motores de busca comerciais, surgiu uma nova indústria - a otimização para motores de busca (SEO). O objetivo desta indústria é utilizar técnicas para ajudar os sítios Web a obterem melhores classificações nos diferentes motores de busca. Exemplos de técnicas legítimas incluem a utilização de títulos significativos para as páginas Web e a criação de palavras descritivas na etiqueta META.

Infelizmente, muitas vezes não existe uma fronteira clara entre as práticas legítimas de SEO e as técnicas de spam de "chapéu preto". Pode mesmo dar-se o caso de algumas actividades permitidas num motor de busca serem contra as regras de outro. Preocupam-nos os esforços de alguns profissionais de SEO que constroem "fazendas de links" para ajudar as suas páginas Web a obter uma classificação elevada.

Os trabalhos relacionados com as nossas abordagens podem ser divididos em três categorias:
1. Técnicas para combater o spam de criação de links
2. Geração de clusters ou utilização de núcleos bipartidos para encontrar comunidades web
3. Tecnologias de deteção de páginas Web duplicadas

1. O efeito TKC e o spam de criação de links

O problema das "relações que se reforçam mutuamente" foi introduzido pela primeira vez por Bharat e Henzinger [112]. É também apresentado um algoritmo simples mas eficaz, ou seja, atribuir à aresta um peso de autoridade de 1/k se existirem k páginas do mesmo anfitrião que apontem para um único documento num segundo anfitrião e atribuir à aresta um peso de hub de 1/l se um único documento no primeiro sítio tiver l ligações a um conjunto de documentos num segundo anfitrião. Infelizmente, embora este método neutralize as relações que se reforçam mutuamente, não consegue lidar com grupos maiores que actuam em coorte

Em muitos fóruns de discussão sobre SEO, os participantes discutem as mais recentes técnicas de classificação e de deteção de spam utilizadas pelos motores de busca comerciais. Alguns acreditam que uma abordagem, chamada Bad-Rank, é utilizada por um motor comercial para combater as quintas de links. Esta ideia é semelhante a uma das nossas abordagens. O BadRank baseia-se na propagação de valores negativos entre páginas. A filosofia do BadRank é que uma página obterá um valor elevado de BadRank se apontar para algumas páginas com um valor elevado de BadRank. Trata-se, portanto, de uma inversão do algoritmo PageRank, que acredita que as boas páginas transferem o seu valor PageRank para os seus links de saída. A fórmula do BadRank é a seguinte: onde BR(A) é o BadRank da página A. BR(Ti) é o BadRank da página Ti, que é a ligação de saída da página A. C(Ti) é o número de ligações de entrada da página Ti e d é o fator de amortecimento. E(A) é o valor inicial de BadRank da página A e pode ser atribuído por alguns filtros de spam. A nossa abordagem tem uma filosofia semelhante, mas é um método mais rigoroso de marcação de spam baseado num limiar, em vez de uma ativação de propagação.

$$BR(A) = E(A)(1 - d) + d\sum_{i=1}^{n} \frac{BR(T_i)}{C(T_i)}$$

Em contrapartida, Gyongyi et al. propagaram a confiança na direção da frente. Começaram por selecionar um conjunto de boas páginas-semente conhecidas e atribuíram-lhes pontuações de confiança elevadas. Seguiram depois uma abordagem semelhante à do PageRank: a pontuação de confiança é propagada através de ligações a outras páginas Web. Finalmente, após a convergência, as páginas com pontuações de confiança elevadas são consideradas páginas boas. No seu trabalho seguinte, propuseram a ideia de utilizar a diferença entre o TrustRank e o PageRank para identificar páginas de spam na Web. Embora tenham utilizado uma grande quantidade de dados (vários milhares de milhões de páginas Web) na experiência e afirmem que o TrustRank pode despromover mais páginas de spam do que o PageRank, existem ainda alguns problemas com o seu algoritmo. O seu algoritmo classifica mal as páginas que não têm um caminho a partir das páginas semente.

Motivados pelo TrustRank e pelo BadRank, os investigadores propuseram abordagens baseadas na propagação da desconfiança para despromover o spam. Inicialmente, as páginas de spam são selecionadas como páginas de semente e, em seguida, a desconfiança é propagada para trás a partir destas páginas de semente para as suas páginas ancestrais. Após a convergência, as páginas de spam têm normalmente pontuações de desconfiança mais elevadas do que as páginas não spam.

2 <u>Comunidades Web ou clusters</u>

Os subgrafos bipartidos foram utilizados para encontrar comunidades na Web. A Figura 6.1 é um exemplo de um grafo bipartido completo. Os investigadores utilizaram o algoritmo Apriori para encontrar todos os núcleos bipartidos e depois expandiram o núcleo para comunidades utilizando métodos do tipo HITS. Para evitar que hubs duplicados identifiquem núcleos como comunidades espúrias, filtram os hubs que contêm shingles de ligação duplicados - definidos como os hashes de uma sequência de cinco ligações.

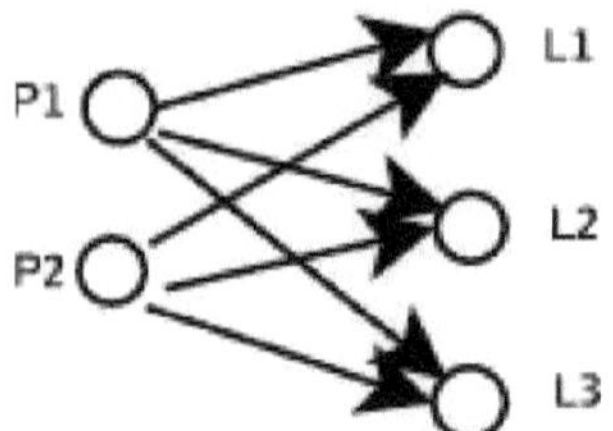

Figura 6.1 : Um grafo bipartido completo de tamanho 2*3.

Reddy e Kitsuregawa também utilizaram grafos bipartidos para encontrar comunidades na Web [102]. Ao contrário de Kumar et al., não se limitam a grafos bipartidos completos, mas propõem um método para encontrar grafos bipartidos densamente ligados para identificar comunidades Web maiores.

3 Páginas Web duplicadas e quase duplicadas

Foram publicados vários trabalhos de investigação importantes sobre a deteção de duplicados de páginas Web. Estes trabalhos baseiam-se na ideia de começar por cortar os documentos em fragmentos ou "shingles" com uma sequência de termos. Em seguida, utilizam esses pedaços diretamente ou calculam um resumo dos pedaços como a impressão digital de cada documento. Dois documentos são considerados duplicados se tiverem uma sobreposição significativa dos pedaços ou das impressões digitais. Na nossa abordagem, apenas as ligações e os textos-âncora são extraídos de uma página e considera-se que duas páginas contêm material duplicado se tiverem ligações comuns com textos-âncora comuns, sem que seja necessário que estejam em sequência.

Alguns investigadores também examinaram a utilização de modelos em páginas Web. Bar-Yossef e Rajagopalan utilizaram árvores DOM para extrair pagelets, que podem ser utilizados para formar modelos a partir de páginas Web. Em seguida, utilizaram um sistema baseado em pagelets/templates e verificaram que a precisão aumenta significativamente.

Impacto das explorações de hiperligações

Nesta secção, mostramos o efeito das explorações de links nos resultados HITS e a existência de spam de explorações de links nos resultados dos actuais motores de busca populares.

Efeito do Link Farm nos HITS

No trabalho de investigação de Baoning Wu em 2007 [113], este recolheu um conjunto de dados para 412 consultas. Utilizaram o Google e o Yahoo para obter os 200 URL de topo como conjuntos de raiz e também utilizaram estes motores de busca para obter os links de entrada para expandir o conjunto de raiz e gerar o conjunto de base. Em seguida, aplicaram-lhes o HITS e descobriram que, normalmente, os resultados de autoridade do HITS são dominados por uma ou mais quintas de ligações. Por exemplo, para a consulta empresa de telemóveis sem fios, as 10 principais autoridades estão listadas na Tabela 5.0(a). Estes 10 sítios estão fortemente ligados uns aos outros e dominam os resultados do HITS.

Outro exemplo é a consulta de um pedido de cartão de crédito. As 10 principais autoridades estão listadas na Tabela 5.0(b). Uma comunidade relacionada com o casino domina esta consulta simplesmente porque está densamente ligada.

Mais dois exemplos: para a consulta web proxy, as 10 principais autoridades estão listadas na Tabela 5.1(a). Para a consulta meteorologia, as 10 principais autoridades estão na Tabela 5.1(b). Obviamente, todos estes resultados têm pouco a ver com as duas consultas.

Existência de spam de criação de links

Para demonstrar a existência de páginas de spam de criação de links nos actuais resultados principais dos motores de busca, fizemos uma experiência simples com um conjunto de dados de 140 consultas das nossas 412 consultas.

(a) Top 10 HITS authorities for *wireless phone company* from Yahoo.

Rank	URL
1	http://www.lowcostwireless4u.com/
2	http://www.cellularratesonline.com/
3	http://www.lowcostwirelessrates.com/
4	http://www.cellphoneonlinerates.com/
5	http://www.cheapwireless4u.com/
6	http://www.newpurple2.com/
7	http://www.red4dir.com/
8	http://www.affordablecellphonerates.com/
9	http://www.affordablecellphonerates.com/cellular-phone-company.html
10	http://www.lowcostwirelessrates.com/cell-phone-company.html

Rank	URL
1	http://www.1001casino.com/
2	http://www.yournetcasino.com/
3	http://www.casino-gambling-online.biz/
4	http://www.internet-gambling-online.biz/
5	http://www.on-line-casino.biz/
6	http://www.the-online-casino.biz/
7	http://www.gaming-zone.biz/
8	http://www.lucky-nugget-casino.com/
9	http://www.casino-game.biz/
10	http://www.luckynugget-online-casino.com/

Tabela 6.1: Exemplo de listas de top 10 dominadas por fazendas de links.

Rank	URL
1	http://linux.com/
2	http://newsforge.com/
3	http://itmj.com/
4	http://thinkgeek.com/
5	http://newsletters.osdn.com/
6	http://freshmeat.net/
7	http://slashdot.org/
8	http://www.ostg.com/
9	http://ads.osdn.com/?ad_id=2560&alloc_id=6182&op=click
10	http://ads.osdn.com/?ad_id=2435&alloc_id=5907&op=click

Rank	URL
1	http://www.tripadvisor.com/
2	http://www.virtualtourist.com/
3	http://www.abed.com/memoryfoam.html
4	http://www.abed.com/furniture.html
5	http://www.rental-car.us/
6	http://www.accommodation-specials.com/
7	http://www.lasikeyesurgery.com/
8	http://www.lasikeyesurgery.com/lasik-surgery.asp
9	http://mortgage-rate-refinancing.com/
10	http://mortgage-rate-refinancing.com/mortgage-calculator.html

Tabela 6.2: Resultados HITS dominados por fazendas de links.

Ao mostrar os resultados na Figura 6.2, usámos seis níveis para descrever a existência de páginas de spam nos resultados do motor de busca. O eixo x representa o número mínimo de páginas de spam que são encontradas na lista dos n primeiros, e o eixo y representa a percentagem de consultas com resultados que incluíam páginas marcadas como spam. São desenhadas seis curvas e cada curva representa os 10, 20, 30, 50, 100 e 200 melhores resultados do motor de busca, respetivamente. A curva no topo corresponde aos 200 primeiros resultados. Como podemos ver na figura, cerca de 68% de todas as consultas têm, pelo menos, uma página que emprega uma técnica de spam de hiperligações na lista das 200 primeiras respostas do motor de busca. Cerca de 2% das consultas têm sete ou mais páginas deste tipo. A curva na parte inferior representa as estatísticas para os 10 principais resultados do motor de busca, que normalmente têm a maior probabilidade de serem visitados pelos utilizadores do motor de busca. Como se pode ver na figura, cerca de 9% das consultas têm pelo menos uma página de spam na lista dos 10 primeiros resultados.

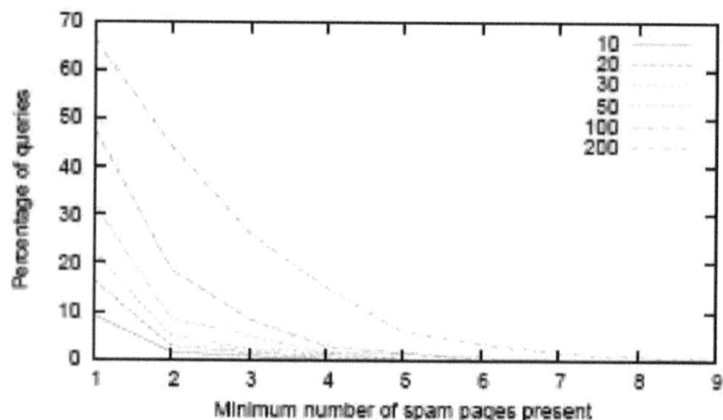

Figura 6.2: Percentagem de consultas que contêm páginas de spam nos resultados principais.

6.2 Algoritmo completo de hiperligações

Nesta secção, damos pormenores do nosso primeiro algoritmo para resolver os
problemas de exploração de links e páginas duplicadas. Ele pode ser resumido da
seguinte forma:

1. Recolher páginas para uma determinada consulta utilizando o processo de recolha
HITS.

2. Analisar todas as páginas para obter hiperligações completas para cada página e
gerar uma matriz de hiperligações do documento. Filtrar as hiperligações para páginas
do mesmo domínio.

3. Encontrar componentes bipartidos densamente ligados dentro da matriz gerada no
passo 2, identificando a união de todos os grafos bipartidos completos satisfatórios.

4. Alterar a matriz de adjacência com valores ponderados de acordo com os
componentes encontrados na etapa 3.

5. Aplicar o melhoramento de Bharat e Henzinger ao HITS.

6. Calcular a classificação final utilizando o gráfico de ligações reponderado.

Detalhes das etapas utilizadas no algoritmo de hiperligações completas

Em primeiro lugar, propomos a utilização de hiperligações completas, ou seja,
considerar uma hiperligação juntamente com o seu texto âncora como uma única
unidade. A hiperligação completa é utilizada em vez de apenas o alvo da hiperligação,
como em trabalhos anteriores de análise de hiperligações efectuados por outros. Se
duas páginas tiverem várias hiperligações comuns com textos âncora idênticos, é um
sinal mais forte do que a utilização de hiperligações isoladas de que estas duas páginas
são duplicadas ou foram criadas pela mesma pessoa ou máquina de propósito, o que é
um comportamento óbvio dos spammers de "link farm".

Como um link completo é a combinação de um link e seu texto âncora, é bem possível que dois links completos diferentes tenham o mesmo URL, mas textos âncora diferentes. Por exemplo, as seguintes tuplas são duas ligações completas diferentes:

(http://wume.cse.lehigh.edu/, "WUME lab")

(http://wume.cse.lehigh.edu/, "A página inicial do nosso laboratório")

No processo de análise, para cada página obtemos todas as hiperligações de saída juntamente com os seus textos-âncora. Suponhamos que temos um conjunto de dados de n páginas para uma consulta e que, após a análise, obtemos m hiperligações completas diferentes. Então, para este conjunto de dados, um "documenthyperlink" de tamanho n*m

A matriz A pode ser construída. Se o documento i contiver uma ligação completa j, então A[i, j] será definido como 1, caso contrário 0.

Passo 2- Encontrar componentes bipartidos

Um grafo bipartido tem dois conjuntos disjuntos X e Y. Num grafo bipartido completo, cada elemento em X aponta para cada elemento em Y e cada elemento em Y é apontado por cada elemento em X. Se existirem k elementos no conjunto X e l elementos no conjunto Y, o grafo bipartido tem tamanho k * l.

Para a matriz "documento-hiperligação" An*m gerada acima, podemos encontrar componentes bipartidos com o conjunto X preenchido com documentos e o conjunto Y preenchido com ligações completas. Se o tamanho do componente bipartido for suficientemente grande, considerá-lo-emos como representando uma comunidade problemática, porque há duas possibilidades de as páginas formarem um grande componente bipartido dentro da matriz documento-hiperligação: uma é uma quinta de ligações e a outra são páginas duplicadas.

Em geral, a listagem de todos os núcleos bipartidos de dimensão k * l é dispendiosa.

Devido ao grande número de páginas Web e ao cálculo em linha de alguns algoritmos baseados em ligações, são necessários métodos mais rápidos.

Propomos fixar k em 2 e escolher um limiar razoável para l na deteção de componentes bipartidos. Ao fixar k, desde que existam mais do que l ligações completas comuns em dois documentos, essas ligações serão marcadas como ligações de "link farm". O limiar para l deve ser suficientemente grande para que apenas os link farms sejam penalizados. Por exemplo, se dois documentos partilharem 2 ou 3 links completos comuns, esses dois documentos podem não ser um problema. Mas se dois documentos partilharem muitas hiperligações completas comuns, é muito provável que essas hiperligações pertençam a uma quinta de hiperligações.

Para tornar este algoritmo claro, usamos um exemplo simples para o ilustrar. Suponhamos que temos cinco páginas e que estas contêm quatro ligações completas diferentes, como mostra a Figura 6.3(a). Se escolhermos 2 como limiar, isso significa que, desde que dois documentos contenham 2 ligações completas idênticas, marcaremos essas ligações. Os componentes bipartidos resultantes são mostrados na Figura 6.3(b).

	L1	L2	L3	L4
P1	1	1	0	0
P2	1	1	0	0
P3	0	1	0	0
P4	1	0	1	1
P5	0	0	1	1

(a) Initial document-hyperlink matrix.

	L1	L2	L3	L4
P1	1	1	0	0
P2	1	1	0	0
P4	0	0	1	1
P5	0	0	1	1

(b) Bipartite subgraph.

	L1	L2	L3	L4
P1	1/2	1/2	0	0
P2	1/2	1/2	0	0
P3	0	1	0	0
P4	1	0	1/2	1/2
P5	0	0	1/2	1/2

(c) Revised web matrix.

Figura 6.3 : Vistas da matriz documento-hiperligação

Etapa 3 - Complexidade computacional

Como fixámos k em dois, precisamos de comparar cada documento com todos os outros. Assim, a complexidade será O(n2) para esta implementação simples.

Passo 4 - Ponderação decrescente da matriz de adjacência

O objetivo dos passos anteriores é encontrar páginas de spam num determinado conjunto de dados. Depois de encontrar estas páginas de spam, precisamos de uma forma de incorporar esta informação num algoritmo de classificação. Um mecanismo óbvio é alterar a matriz de adjacência do grafo da Web para esse conjunto de dados. Uma vez que temos páginas marcadas como participantes em quintas de links, uma forma de penalizar estritamente estas páginas, ou seja, removê-las do gráfico. Mas, na realidade, isto pode ser demasiado. Para um exemplo simples, considere uma empresa que possui vários sítios Web diferentes para os seus produtos ou subsidiárias. Muitas vezes, estes Web sites apontam uns para os outros, formando uma exploração de hiperligações.

Assim, em vez de penalizarmos estas páginas, penalizamos apenas as ligações entre estes sítios Web, reduzindo a sua ponderação ou eliminando-as. A razão é que estas páginas web podem ainda ser boas candidatas para algumas consultas do mundo real. Ao penalizar estas hiperligações, as páginas só podem receber votos de outros autores justos e (idealmente) já não recebem demasiados votos de colaboradores da exploração de hiperligações.

Aplicámos as seguintes regras para reduzir a ponderação da matriz de adjacência: para cada ligação completa única L, contámos o número total de aparições (N) de L na matriz bipartida. Em seguida, para cada aparição de L na matriz documento-hiperligação final, atribuímos 1/N na matriz de adjacência em vez de 1, que é o valor predefinido. Para o exemplo simples mostrado na Figura 6.3 (a), a matriz de adjacência revista é mostrada na Figura 6.3 (c).

Etapas 5 e 6 - Classificação com o gráfico revisto

Agora, o passo final é utilizar a matriz de adjacência ponderada para baixo gerada acima para a classificação. Nesta etapa, podem ser utilizados vários métodos, por exemplo, o HITS de Kleinberg e a classificação por popularidade.

6.3 Algoritmo de expansão

Vamos agora discutir o segundo algoritmo de deteção de quintas de links.

A motivação deste algoritmo é que, por observação, descobrimos que as páginas dos parques de links estão densamente ligadas entre si e que muitas páginas comuns existirão tanto nos conjuntos de links de entrada como de saída das páginas de um parque de links. Podemos utilizar esta caraterística para gerar inicialmente um conjunto de sementes. Depois, para cada página restante, é bem possível que a página faça parte dos mesmos parques de ligações se tiver várias ligações de saída para o conjunto de sementes. Após esta observação, podemos expandir o conjunto de sementes adicionando-lhe a nova página. Este processo pode ser repetido, pelo que serão encontradas e adicionadas cada vez mais páginas dentro do parque de links.

De facto, este mecanismo funciona para um grande conjunto de dados que contenha muitos parques de links. A única diferença é que precisamos de encontrar várias páginas dentro de cada uma dessas quintas de links para formar o conjunto de sementes e depois expandi-las iterativamente para encontrar páginas adicionais dentro das quintas de links. Portanto, as duas chaves

aspectos do nosso algoritmo são como gerar o conjunto de sementes e como expandir o conjunto de sementes.

Este algoritmo tem o seguinte esquema:

- Gerar um conjunto de sementes a partir de todo o conjunto de dados.

- Expandir o conjunto de sementes adicionando mais páginas iterativamente.

- Rever a matriz da Web com base nas informações do conjunto expandido e classificar novamente utilizando um algoritmo de classificação normal baseado em ligações, como a classificação por popularidade, HITS ou PageRank.

Os pormenores de todas as etapas acima referidas são explicados na secção seguinte.

Passo 1- Passo inicial: Conjunto comum IN-OUT

Como é que se deve decidir quais as páginas que devem pertencer ao conjunto de sementes? Utilizámos um método simples. Uma página tem normalmente vários links de entrada que apontam para essa página e links de saída para os quais essa página aponta. Por observação, as páginas das quintas de links têm normalmente vários nós comuns entre o conjunto de links de entrada e o conjunto de links de saída. Se houver apenas um ou dois nós comuns, não marcaremos esta página como uma página problemática. Mas, se existirem muitos desses nós comuns, é bastante provável que a página faça parte de uma fazenda de links.

É utilizado um limiar TIO para que, sempre que o número de ligações comuns do conjunto de ligações de entrada e do conjunto de ligações de saída for igual ou superior a este TIO, a página seja marcada como página de spam e colocada no conjunto de sementes. Nas nossas experiências, utilizamos 3 como limiar, de modo a podermos encontrar "link farms" com apenas 4 elementos.

Ao fazer corresponder as ligações de entrada e de saída, não nos limitamos a uma correspondência exacta. Ou seja, em vez de exigir que duas páginas apontem uma para a outra, podemos querer generalizar isto para permitir que uma página aponte para um sítio ou domínio, e vice-versa. Utilizamos a granularidade da correspondência de domínios ao gerar o conjunto comum, ou seja, se o número de domínios distintos na intersecção dos domínios das ligações de entrada e dos domínios das ligações de saída for igual ou superior ao limiar de uma página, marcamos a página como uma página problemática e colocamo-la no conjunto de sementes.

Uma vantagem de usar a correspondência de nomes de domínio em vez da correspondência de URL é apanhar a técnica comum de web design em que é criada uma página de links separada na qual são colocados links de trocas de links amadoras ou profissionais. As ligações de entrada são maioritariamente para a página de raiz do sítio, enquanto as ligações a partir da página inicial são normalmente ligações internas. Assim, a única forma de um sítio externo reconhecer a situação é permitir que o alvo da ligação seja uma página diferente dentro do domínio do que a da ligação de retorno. O algoritmo completo é fornecido abaixo.

6.3.1 Algoritmo para encontrar o conjunto de sementes

Seja p o URL de uma página Web e d(p) o nome de domínio de p. Suponhamos que nos são dadas inicialmente N páginas. IN(p) e OUT(p) representam os conjuntos de ligações de entrada e de saída de p, respetivamente.

1. Para um URL p, inicializar os conjuntos INdomain(p) e OUTdomain(p) para serem vazios.

2. Para cada URL i em IN(p), se d(i) 6= d(p) e d(i) não estiver em INdomain(p), então adicionar d(i) ao conjunto INdomain(p).

3. Para cada URL k em OUT(p), se d(k) 6= d(p) e d(k) não estiver em OUTdomain(p), então adicionar d(k) ao conjunto OUTdomain(p).

4. Calcular a intersecção de INdomain(p) e OUTdomain(p). Se o número de elementos no conjunto de intersecção for igual ou superior ao limiar TIO, marcar p como página de spam.

5. Efetuar os passos 1 a 4 para cada página do conjunto de dados.

6. Para todas as páginas que foram marcadas como spam, coloque um 1 na matriz de valores iniciais A[N]. Devolver A

Para tornar os passos acima claros, veja o exemplo simples da Figura 6.4. Seis páginas formam uma rede e assumimos que são todas de domínios diferentes. Para este exemplo simples, usamos 2 como limiar. O conjunto de ligações de entrada para o nó A é [C,D,E] e o conjunto de ligações de saída é

[B,C,D]. O conjunto comum do nó A é [C,D], que tem 2 elementos e é igual ao limiar, pelo que colocamos A no conjunto de sementes. Da mesma forma, os nós C e D também serão colocados no conjunto de sementes. Finalmente, o conjunto de sementes é [A,C,D].

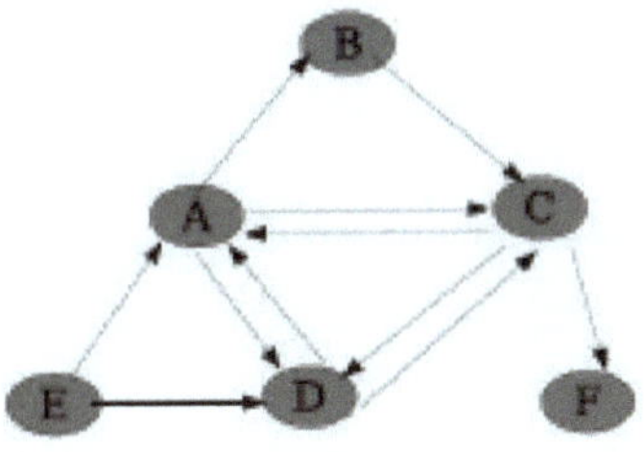

Figura 6.4: Um exemplo simples de 6 páginas

<u>Etapa 2- Etapa de expansão</u>

Dado um conjunto de sementes, é necessário um passo de expansão para encontrar mais páginas de spam no conjunto de dados. A intuição para este passo de expansão é que a estrutura dos link farms reais varia e algumas páginas de spam podem sobreviver à deteção do seed set. Mas para que um link farm funcione, normalmente as páginas de um link farm precisam de apontar para outras páginas do mesmo link farm. Se uma página apontar apenas para uma página de spam, não a puniremos. Mas se uma página tiver muitos links de saída para páginas de spam, é provável que a própria página faça parte da mesma exploração de links. Como temos um conjunto de sementes, podemos alargá-lo pouco a pouco, adicionando mais páginas que tenham demasiados links de saída para estas páginas de spam. Os limiares são novamente utilizados para avaliar se a página será marcada como spam.

Utilizamos o algoritmo ParentPenalty para a etapa de expansão. O pressuposto básico é que, se uma página aponta para algumas páginas de spam, é provável que essa mesma página também seja spam. Assim, tal como o PageRank, o valor de interesse espalha-se de página para página ligada, embora aqui estejamos a seguir as ligações de entrada em vez das ligações de saída. Utilizaremos outro limiar (TPP) para avaliar uma página: se o número de ligações de saída para páginas de spam atingir ou exceder o limiar, a página também será marcada como spam. Sempre que uma nova página é marcada como spam, as páginas que ligam a ela podem agora atingir o limiar. Assim, pode ser utilizado um processo iterativo até que não haja mais páginas marcadas como spam. Utilizamos novamente um limiar arbitrário de 3 ligações para as nossas experiências.

6.3.2 Algoritmo para a penalização dos pais

ParentPenalty: Suponhamos que já temos uma matriz A[N] da etapa inicial em que as páginas de spam têm valor 1 e as outras páginas têm valor 0, e um limiar TPP ,

1. Para cada membro p s.t. A[p] = 0, obter o seu conjunto de ligações de saída OUT(p).
2. Definir num=0.

3. Para cada elemento k em OUT(p), se A[k] for 1, então aumenta num em 1.

4. Se num > TPP , definir A[p] = 1.

5. Repetir de 1 a 4 até que os valores de A não se alterem.

Para este método, permitimos que o URL de destino esteja no mesmo domínio que a fonte, e que os destinos possam estar todos no mesmo domínio (mesmo o mesmo que o domínio de origem). Isto permite-nos expandir o conjunto de spam para incluir outras páginas do mesmo sítio.

Para o exemplo simples da Figura 6.4, o conjunto de sementes é [A,C,D]. Se utilizarmos 2 como limiar, ou seja, a página será marcada como spam se tiver 2 ou mais ligações de saída a apontar para as páginas do conjunto de sementes. O nó B tem apenas um, o nó E tem dois e o nó F tem zero. Assim, o nó E será marcado como spam e ser-lhe-á atribuído um valor inicial 1. Como nenhuma outra página será marcada, o algoritmo ParentPenalty termina com o conjunto de spam como [A,C,D,E].

Etapa 3- Classificação com o gráfico revisto

Tal como referido na secção anterior, revemos o gráfico da Web com base nas páginas de spam detectadas pelo segundo algoritmo e depois classificamo-las.

Para este algoritmo, optámos por eliminar as ligações entre as páginas de spam que detectámos. Além disso, adoptamos novamente o método de Bharat e Henzinger para resolver o problema do

problema de "reforço mútuo". Agora a matriz de adjacência está pronta para ser classificada. Aplicamos a "popularidade ponderada", descrita anteriormente

6.3.3 Comparação de ParentPenalty e BadRank

O BadRank utiliza a seguinte filosofia: uma página deve ser penalizada por apontar para páginas de spam. Há um problema com esta filosofia: até onde é que ela deve ir? Se a página A aponta para a página B, e B aponta para algumas páginas de spam conhecidas, é intuitivo considerar B como spam, mas deverá A ser penalizado apenas por apontar para B?

Por exemplo, a página inicial de um departamento de informática aponta para a página inicial de um aluno e este pode aderir a um programa de troca de links adicionando alguns links na sua página inicial. Faz sentido que a página inicial do aluno seja penalizada, mas a página inicial do departamento é inocente. No algoritmo BadRank, a página inicial do departamento também terá um valor de spam diferente de zero por propagação ascendente a partir de uma ou mais páginas com valores de spam diferentes de zero.

A nossa ideia ParentPenalty é mais resistente a este problema. Um limiar é usado para decidir se a maldade das páginas filhas deve ser propagada para um pai. Se o número de páginas filhas com spam for igual ou superior ao limite, então a página mãe deve ser penalizada. Além disso, se o número de pais que devem ser penalizados atingir ou exceder o limite, os avós devem ser penalizados. Isto também faz sentido na vida real.

Assim, o limiar desempenha um papel importante na prevenção da propagação do valor de maldade para demasiadas gerações.

6.4 Discussão sobre o algoritmo de hiperligações completas

Intuitivamente, é possível encontrar mais link farms usando alvos de links do que links completos, porque mais alvos corresponderão e, portanto, excederão mais facilmente o limite do componente bipartido do que os links completos; portanto, é possível que possamos perder alguns link farms exigindo links completos. Por outro lado, a utilização apenas de alvos de ligação pode ser demasiado agressiva. As boas ligações acabarão por ser menos ponderadas se estiverem acima do limiar de deteção de componentes bipartidos. Por exemplo, para a consulta parques de diversões, o principal resultado é http://www.pki.com/ para o método das ligações completas. Este sítio Web é bom para esta consulta, mas não o conseguimos encontrar na lista dos 30 primeiros utilizando apenas os alvos das ligações, porque está marcado num dos componentes bipartidos e, por isso, muitas ligações de entrada são menos ponderadas.

Para comparar o desempenho da utilização apenas das hiperligações com o desempenho da utilização de hiperligações completas, selecionámos as mesmas 20 consultas e, para cada consulta, aplicámos o mesmo algoritmo, mas utilizando hiperligações sem textos âncora. Os utilizadores avaliaram as 10 principais autoridades para estas consultas. O desempenho é apresentado na Tabela 6.3. Como podemos ver, a soma de bastante relevante e relevante é de 66,4%, o que é cerca de 10% inferior aos resultados da utilização de hiperligações completas, mostrando que a utilização de hiperligações completas é melhor do que a utilização de hiperligações isoladas.

Type	Results
quite relevant	44.3%
relevant	22.1%
not sure	5.4%
irrelevant	14.3%
totally irrelevant	13.6%

Quadro 6.3 - Resultados da avaliação para a utilização exclusiva de ligações

Uma questão óbvia que as pessoas podem levantar é a seguinte: e se os remetentes de spam utilizarem deliberadamente textos-âncora diferentes para a mesma ligação? Uma vez que o nosso algoritmo conta as ligações duplicadas com textos-âncora diferentes como ligações completas diferentes, os textos-âncora gerados deliberadamente para a mesma ligação podem escapar à nossa deteção de gráficos bipartidos e podem sobreviver mais ligações de spam. Para mostrar a robustez do nosso algoritmo em relação a este problema, efectuamos uma experiência arbitrária para determinar o impacto dos diferentes textos-âncora. Nesta experiência, em vez de utilizar a correspondência exacta do texto-âncora, utilizámos a abordagem "saco de palavras" para tratar os textos-âncora, ou seja, para cada texto-âncora, removemos as palavras de paragem e colocámos cada palavra por ordem alfabética. Depois, este saco de palavras é utilizado como texto-âncora e forma a ligação completa juntamente com a ligação correspondente. São utilizados os mesmos algoritmos para esta nova ligação completa e são calculadas 20 consultas para a avaliação dos utilizadores. Os resultados são apresentados na Tabela 6.4

Type	Results
quite relevant	47.3%
relevant	28.9%
not sure	7.7%
irrelevant	11.4%
totally irrelevant	4.5%

Tabela 6.4 - Resultados da avaliação da utilização do saco de palavras

A soma de bastante relevante e relevante da Tabela 6.4 é de 76,2%, o que é bastante próximo dos resultados da utilização da correspondência exacta de texto âncora. Isto sugere que pode ser utilizada a correspondência exacta de textos-âncora ou a correspondência de "saco de palavras". Embora se possa pensar que os remetentes de spam podem utilizar textos-âncora gerados aleatoriamente para o mesmo alvo de ligação a fim de contornar o nosso método proposto, argumentamos que, na realidade, isso não funcionará como eles esperam. A razão é que, normalmente, os remetentes de spam não só querem aumentar a popularidade da ligação a uma página, como também querem aumentar a classificação da página para determinadas consultas. Para tal, combinam eficazmente link farms com técnicas de link bombing, ou seja, utilizam normalmente textos-âncora comuns para as ligações dentro de um link farm. Como resultado, espera-se que a nossa abordagem (especialmente a versão "saco de palavras") seja um dissuasor eficaz quando a sua utilização for do conhecimento público. Os autores de spam terão de despender mais esforços (gerando textos-âncora diferentes para escapar à deteção) e terão um aumento menos eficaz na classificação (porque o efeito de bombardeamento de ligações será reduzido pela utilização de textos-âncora diferentes).

6.5 Discussão sobre o algoritmo de expansão

Geramos uma lista de sítios de spam antes da classificação. Para testar a correção deste processo, temos de verificar a opinião dos utilizadores sobre os sítios que o nosso algoritmo marcou como spam. O método para esta verificação é que, a partir dos resultados da avaliação dos utilizadores, seleccionamos URLs que foram marcados como spam pelo nosso algoritmo. A distribuição das opiniões dos utilizadores em cinco níveis é apresentada na Tabela 6.5

Opinion	Percentage
quite relevant	45.9%
relevant	24.8%
not sure	7.8%
not relevant	13%
totally irrelevant	8.3%

Tabela 6.5- Avaliação dos utilizadores para os resultados calculados apenas com o conjunto de sementes.

Se a etapa de expansão é necessária

Como temos uma etapa de seleção de sementes e uma etapa de expansão, para mostrar que a etapa de expansão é necessária, calculámos as estatísticas para os dados sem utilizar a etapa de expansão. Os resultados estão na Tabela 6.5 A soma de bastante relevante e relevante é de apenas 70,7%, que é inferior a 72,6%, gerada com a etapa de expansão.

Alternativa para a etapa de expansão

Algumas pessoas podem argumentar que as páginas que apontam para páginas de spam não são necessariamente elas próprias spam. Para testar este argumento, tentámos também um passo de expansão diferente - para ser marcado como spam, um nó não só precisa de apontar para pelo menos o número de sítios de spam, mas também deve ser apontado de volta por alguns desses sítios de spam. Fizemos testes que exigiam que o nó fosse referenciado por pelo menos um sítio de spam, além de apontar para três sítios de spam, para o marcarmos como spam na etapa de expansão. Intuitivamente, menos sítios serão marcados como spam desta vez, porque devem ser satisfeitas condições mais fortes para que um nó seja marcado como spam desta vez. Mas verificámos que este novo passo não gera melhores resultados e até gera resultados ligeiramente piores (quando são considerados os 30 principais resultados).

Seleção do limiar

A seleção do limiar é também um problema nos nossos algoritmos. Para mostrar o efeito de diferentes limiares, utilizámos diferentes limiares para o passo de seleção de sementes e para o passo de expansão. Variando de 2 a 7, tentámos 36 combinações diferentes de limiares no total. A avaliação da exatidão da utilização de diferentes limiares é mostrada na Figura 6.5 É óbvio que, com um limiar maior, menos sítios serão marcados e, por isso, mais sítios de spam podem ocupar as primeiras posições. Como se pode ver, a precisão diminui com valores de limiar maiores.

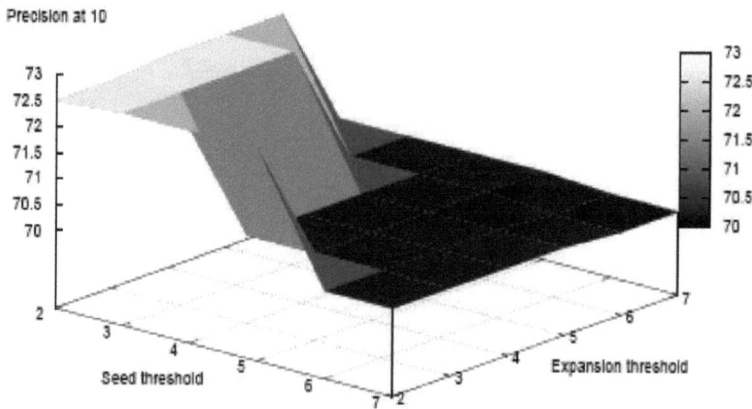

Figura 6.5 - Desempenho em função da variação dos limiares.

Capítulo 7
<u>SPAM FUTURO</u>

A maioria dos trabalhos publicados apenas discute o modo de combater as técnicas de spam que já existem e são conhecidas, mas raramente discutem o spam futuro. Uma vez que a recuperação de informação na Web é um domínio em rápido desenvolvimento, com o aparecimento de cada vez mais serviços de pesquisa, é útil prever algumas técnicas de spamming que poderão surgir num futuro próximo.

<u>7.1 Factores específicos na pesquisa na Web</u>

Os spammers terão sempre como alvo factores que são utilizados nos algoritmos de classificação dos motores de busca. A pontuação TF-IDF e a pontuação da análise de ligações são susceptíveis de serem utilizadas pelos motores de busca nos seus sistemas de classificação. Por isso, os spammers continuarão a esforçar-se por manipular estas pontuações. Os autores de spam utilizarão métodos cada vez mais complexos para aumentar estas pontuações para as páginas de spam. Por exemplo, para obterem melhores pontuações na análise de ligações, podem construir estruturas de ligações mais complicadas, que são mais difíceis de detetar. Ou podem conceber melhores técnicas de ocultação, como JavaScripts mais sofisticados, para manipular estas pontuações.

Se os motores de busca anunciarem publicamente novos componentes que fazem parte dos seus actuais algoritmos de classificação, os remetentes de spam não deixarão de os visar. Como resultado, surgem inevitavelmente novas técnicas de spam.

<u>7.2 Spam para pesquisa patrocinada</u>

Ao proporcionar a pesquisa patrocinada, os motores de busca obtiveram grande sucesso financeiro. A maioria dos motores de pesquisa criou os seus próprios sistemas de pesquisa patrocinada. Veja-se, por exemplo, o adwords e o adsense do Google, o marketing de pesquisa do Yahoo! e o adcenter da Microsoft. Dado que estes sistemas estão diretamente relacionados com a obtenção de dinheiro, os autores de spam esforçar-se-ão mais por manipular estes sistemas. De facto, já foram descobertas algumas técnicas de spam dirigidas a estes sistemas. Por exemplo, a fraude de cliques é uma técnica de spam bem conhecida e difícil de utilizar, concebida para os sistemas de pesquisa patrocinada. É provável que, num futuro próximo, surjam mais técnicas de spam para este sistema de pesquisa patrocinado.

7.3 Spam para novos serviços de pesquisa

Os motores de pesquisa estão a fornecer cada vez mais serviços relacionados com a pesquisa de informações. É provável que os remetentes de spam visem estes serviços, desde que possam beneficiar do envio de spam para estes novos serviços. Por exemplo, os remetentes de spam podem visar a "Pesquisa de vídeo" à medida que estes serviços se tornam cada vez mais populares. Os remetentes de spam podem prestar mais atenção à "Pesquisa local" ou à "Pesquisa de mapas" se mais utilizadores dependerem destes serviços para encontrar destinos ou lojas locais. Se a "Pesquisa personalizada" se tornar popular, serão concebidas mais técnicas de spam relacionadas com ela.

7.4 Spam a lutar pelo futuro

Embora as futuras técnicas de spam possam assumir formas e aparências diferentes, podemos ainda combatê-las, quer concentrando-nos nas suas caraterísticas que se mantiveram relativamente inalteradas, quer utilizando algumas metodologias anti-spam maduras.

7.4.1 Concentrar-se nos componentes que interessam aos remetentes de spam

Por mais complexas que sejam as técnicas de spamming, quase todas elas são concebidas para manipular os factores que são utilizados, ou que se acredita serem utilizados, pelos motores de busca populares nos seus algoritmos de classificação. Por exemplo, como os remetentes de spam acreditam que os algoritmos de análise de ligações continuarão a ser utilizados pela maioria dos motores de busca, os remetentes de spam continuarão a gastar o seu tempo a tentar manipular as estruturas de ligações na Web. Assim, se nos concentrarmos em explorar abordagens que permitam avaliar se uma ligação entre duas páginas é uma ligação de qualidade, então, independentemente da forma como a ligação é gerada (fazendas de ligações, feeds RSS ou camuflagem), podemos anular o efeito destas técnicas de spamming.

7.4.2 Utilização de métodos estatísticos

Para obter melhores classificações para as páginas-alvo, os remetentes de spam precisam de aumentar algumas pontuações, o que fará com que as páginas manipuladas tenham algumas caraterísticas especiais em comparação com as páginas Web normais. Por conseguinte, as páginas com caraterísticas especiais são sempre boas candidatas para encontrar páginas de spam. Por exemplo, os anfitriões com demasiados links de entrada e de saída idênticos têm grande probabilidade de serem membros de quintas de links. Da mesma forma, as páginas com muitos termos no campo da meta palavra-chave também são muito susceptíveis de serem o resultado de enchimento de palavras-chave. Seguindo esta direção, temos de prestar mais atenção para encontrar mais caraterísticas e as páginas com caraterísticas especiais. Por exemplo, se a maior parte dos links de saída de um site forem para sites que oferecem programas de afiliados, então esse site está provavelmente a utilizar uma técnica de spam de afiliados

Para obterem melhores classificações para as páginas-alvo, os remetentes de spam precisam de aumentar alguns factores, o que fará com que as páginas manipuladas tenham caraterísticas diferentes das páginas Web normais. As abordagens de aprendizagem automática aprendem caraterísticas diferentes para classes diferentes. Assim, a experiência adquirida com a utilização de métodos de aprendizagem automática pode ser aplicada para combater o spam no futuro. Por exemplo, pode ser criado um classificador para dizer se um clique é uma fraude no sistema de pesquisa patrocinada. Por outro lado, podemos utilizar um classificador para dizer se um link é ou não um link de spam.

CONCLUSÃO

Depois de delinear as técnicas de PageRank, TrustRank e HITS no combate ao spam na Web, o papel do motor de pesquisa é identificar essas instâncias de spam e deixar de as rastrear e indexar. Utiliza um algoritmo de deteção de spam automático ou semi-automático e a experiência de editores humanos para filtrar e remover páginas de spam. Por exemplo, tirando partido da técnica PageRank para identificar quintas de spam com conteúdos gerados por máquinas. É também importante que um motor de pesquisa impossibilite a utilização de técnicas de spam, por exemplo, fazendo com que o rastreador se identifique como uma aplicação normal do navegador Web para evitar a camuflagem. Esta abordagem baseia-se na identificação de algumas caraterísticas comuns das páginas de spam. Dado que uma página com boa reputação raramente aponta para spam, podem ser utilizados algoritmos de análise de ligações adequados para separar as páginas com boa reputação de qualquer forma de spam, sem ter de lidar com cada técnica de spam individualmente. Uma vez identificadas as páginas com boa reputação, a estrutura de ligações da Web pode ser utilizada para descobrir outras páginas susceptíveis de serem boas

A guerra entre os motores de busca e os spammers dura há anos. Depois de os motores de busca se aperceberem de um tipo de spam e conceberem um algoritmo anti-spam para o detetar, os autores de spam encontrarão rapidamente uma forma de o contornar. Para além disso, aparecerão também técnicas de spam totalmente novas. Parece que esta guerra vai continuar durante algum tempo, tal como a batalha entre os piratas informáticos e o pessoal da segurança das redes informáticas.

Depois de se prestar mais atenção ao spam dos motores de busca, tanto no mundo industrial como no mundo académico, serão inventados algoritmos anti-spam mais sofisticados. Quando os autores de spam se aperceberem dos seguintes factores:

- Custa mais construir páginas de spam eficazes do que construir páginas de alta qualidade, ou

- A construção de páginas de spam eficazes custa mais do que o rendimento obtido com isso,

os spammers deixarão de o fazer. Nessa altura, seremos nós os vencedores da guerra.

Embora não possamos afirmar que as nossas abordagens resolvem completamente o problema do spam de criação de links, descobrimos que podem identificar resultados altamente autorizados e relevantes, mostraram melhorias significativas em relação ao desempenho original do HITS em conjuntos de dados actuais, dominados por spam, e defenderam a sua eficácia como dissuasor, mesmo que a sua utilização se tornasse do conhecimento público. Descobrimos também que, após a reponderação dos gráficos, a classificação por popularidade proporciona frequentemente uma qualidade semelhante à do HITS com um custo computacional muito inferior. Os motores de busca podem utilizar os nossos algoritmos diretamente. Podem seguir os mesmos procedimentos, ou seja, detetar páginas de spam de criação de ligações, rever a matriz de adjacência e depois classificar.

Alguns poderão questionar se as nossas abordagens continuarão a funcionar depois de os remetentes de spam as conhecerem. Como as nossas abordagens têm como objetivo encontrar subgrafos completos ou quase completos, podem continuar a funcionar enquanto os remetentes de spam continuarem a construir subgrafos completos. Os remetentes de spam só podem contornar a nossa abordagem construindo subgrafos com menor densidade, o que é menos eficaz para eles.

Referências

[101] A. Westbrook e R. Greene. Using semantic analysis to classify search engine spam, Dez. 2002. Relatório do projeto de turma em http://www.stanford.edu/class/cs276a/projects/reports/.

[102] A. Ntoulas, M. Najork, M. Manasse, e D. Fetterly. Detecting spam web pages through content analysis. In Proceedings of the 15th International World Wide Web Conference, páginas 83-92, Edimburgo, Escócia, maio de 2006.

[103] B. Wu e B. D. Davison. Influência indevida: Eliminando o impacto do plágio de links nas classificações de pesquisa na web. Em Proceedings of the 21st Annual ACM Symposium on Applied Computing, páginas 10991104, Dijon, França, abril de 2006.

[104] S. Brin e L. Page. The anatomy of a large-scale hypertextual Web search engine. Em Proceedings of the 7th International World Wide Web Conference, páginas 107-117, Brisbane, Austrália, abril de 1998.

[105] J. M. Kleinberg. Authoritative sources in a hyperlinked environment. Journal of the ACM, 46(5):604-632, 1999.

[106] D. Fetterly, M. Manasse, e M. Najork. Spam, maldito spam e estatísticas: Usando análise estatística para localizar páginas web de spam. Em

Actas do 7º Workshop Internacional sobre a Web e as Bases de Dados (WebDB), páginas 1-6, Paris, França, junho de 2004.

[107] E. Amitay, D. Carmel, A. Darlow, R. Lempel, e A. Soffer. The connectivity sonar: Detetar a funcionalidade do sítio através de padrões estruturais. Em Proceedings of the 14th ACM Conference on Hypertext and Hypermedia, páginas 38-47,

Nottingham, Reino Unido, agosto de 2003.

[108] Z. Gy ongyi, H. Garcia-Molina, e J. Pedersen. Combating web spam with TrustRank. Em Proceedings of the 30th International Conference on Very Large Data Bases (VLDB), páginas 271-279, Toronto, Canadá, setembro de 2004.

[109] K. Bharat e G. A. Mihaila. When experts agree: using nonaffiliated experts to rank popular topics. In Proceedings of the 10th International World Wide Web Conference, páginas 597-602, Hong Kong, China, maio de 2001.

[110] M. Cafarella and D. Cutting. Construindo Nutch: Open source. Queue, 2(2):54-61,Abr. 2004.

[111] K. Chellapilla e D. M. Chickering. Improving cloaking detection using search query popularity and monetizability. In Proceedings of the 2nd International Work shop on Adversarial Information Retrieval on the Web (AIRWeb), Seattle, USA, Aug. 2006.

[112] K. Bharat e M. R. Henzinger. Improved algorithms for topic distillation in a hyperlinked environment [Algoritmos melhorados para destilação de tópicos num ambiente com hiperligações]. In Proceedings of the 21st Annual International ACM SIGIR Conference on Research and Development in Information Retrieval, pages 104-111, Melbourne, AU, 1998.

[113]FINDING AND FIGHTING SEARCH ENGINE SPAM por Baoning Wu Trabalho de investigação de doutoramento em 2007

Sítios Web :

http://www.w3.org/Style/CSS/

http://dmoz.org/

http://en.wikipedia.org/

https://www.google.com/adsense/

seochat.com

www.ksl-consulting.co.uk/google_penalty.html

Apêndice A
Algoritmo PageRank

O PageRank é um valor numérico que representa a importância de uma página na Web. Atribui pesos aos documentos com hiperligações para medir a sua importância. O PageRank foi desenvolvido na Universidade de Stanford por Larry Page e Sergey Brin como parte de um projeto de investigação em 1995 e conduziu a um protótipo funcional chamado Google em 1998 [Wiki06j]; que foi também gradualmente a fundação e a marca registada do Google.

O Google descreve o PageRank como:

O PageRank baseia-se na natureza exclusivamente democrática da Web, utilizando a sua vasta estrutura de hiperligações como um indicador do valor de uma página individual. Essencialmente, o Google interpreta uma hiperligação da página A para a página B como um voto da página A a favor da página B. No entanto, o Google não se limita ao volume de votos ou hiperligações que uma página recebe; também analisa a página que dá o voto. Os votos dados por páginas que são elas próprias "importantes" têm um peso maior e ajudam a tornar outras páginas "importantes".

Um link de entrada para uma determinada página é considerado como um "voto" para essa página. Uma vez que o tipo de página também é um fator importante, uma página para a qual existam ligações de muitas páginas com um PageRank elevado recebe uma classificação elevada.

Existem 11 PageRanks de 0 a 10, em que 10 é a melhor classificação e 0 é a pior. Cada página que o Google indexa tem uma classificação. A classificação 0 pode significar que o site foi banido ou simplesmente ainda não foi indexado. Para calcular o PageRank de um determinado site, é utilizada a seguinte fórmula:

$$PR(A) = PR(B) + PR(C) + PR(D)$$

em que PR significa PageRank e A, B, C, D são sítios Web.

Supondo que existe uma pequena web com apenas 4 páginas (A, B, C e D), o PageRank inicial seria dividido uniformemente nas 4 páginas, fazendo com que cada página tivesse um PageRank inicial de 0,25.

Se as páginas B, C e D fizerem uma hiperligação para A, cada uma delas atribuirá 0,25 PageRank a A. No entanto, se a página B também fizer uma hiperligação para C e a página D fizer uma hiperligação para as três, o valor do PageRank será dividido por todas as hiperligações de saída, como se mostra abaixo:

$$PR(A) = PR(B)/L(B) + PR(C)/L(C) + PR(D)/L(D)$$

em que L representa o número de ligações de saída.

$$PR(A) = PR(B)/2 + PR(C)/1 + PR(D)/3$$

$$PR(A) = (0,25/2) + (0,25/1) + (0,25/3) = 0,458$$

Além disso, B daria 0,125 a C e D daria 0,083 a B e 0,083 a C. Por conseguinte, o PageRank é igual à pontuação do PageRank do próprio documento dividida pelo número de hiperligações de saída que fornece. O PageRank dos Web sites pode mudar à medida que o Google verifica e reindexa periodicamente as páginas na Web. À medida que o Google aumenta o número de documentos na sua coleção, a aproximação inicial (anteriormente 0,25) diminui para todos os documentos.

O fator de amortecimento destina-se a impedir que as outras páginas tenham demasiada influência ou a reter um surfista aleatório que clica continuamente nas ligações. A votação total é "amortecida" ou ajustada para baixo, multiplicando-a pelo fator de amortecimento de 0,85. Ou seja,

$$PR(A) = \frac{1-d}{N} + d\left(\frac{PR(B)}{L(B)} + \frac{PR(C)}{L(C)} + \frac{PR(D)}{L(D)} + \cdots\right).$$

em que d é o fator de amortecimento e N o número de documentos.

O PageRank pode ser programado através de um algoritmo iterativo e corresponde ao vetor próprio principal da matriz de ligações normalizada da Web. O vetor próprio é:

$$R = \begin{bmatrix} PR(p_1) \\ PR(p_2) \\ \vdots \\ PR(p_N) \end{bmatrix}$$

em que R é a solução da equação

$$R = \begin{bmatrix} (1-d)/N \\ (1-d)/N \\ \vdots \\ (1-d)/N \end{bmatrix} + d \begin{bmatrix} \ell(p_1,p_1) & \ell(p_1,p_2) & \cdots & \ell(p_1,p_N) \\ \ell(p_2,p_1) & \ddots & & \\ \vdots & & \ell(p_i,p_j) & \\ \ell(p_N,p_1) & & & \ell(p_N,p_N) \end{bmatrix} R$$

e l(pi,pj) é a função de adjacência. É 0 se a página Pj não estiver ligada a Pi

O resultado do valor próprio apresenta boas aproximações. Um PageRank para 26 milhões de

pode ser calculada em poucas horas numa estação de trabalho de tamanho médio. Como o Google utiliza a técnica PageRank, provou ser famoso na produção de bons resultados de pesquisa em comparação com outros motores de pesquisa comerciais.

Apêndice B
Algoritmo TrustRank

O Trust Rank é um algoritmo semi-automático utilizado para separar os sítios Web com boa reputação do spam. O principal objetivo do TrustRank baseia-se no conceito de atenuação da confiança. Começa por selecionar um conjunto de páginas, conhecidas como páginas "semente", cujo estatuto de spam tem de ser determinado. Um perito humano analisa-as primeiro e diz ao algoritmo se são páginas boas ou spam. Por fim, o algoritmo procura outras páginas que sejam semelhantes às páginas boas.

Assume-se que quanto mais longe se está de boas páginas de sementes, menos certo é que uma página é boa. O diagrama seguinte representa este facto:

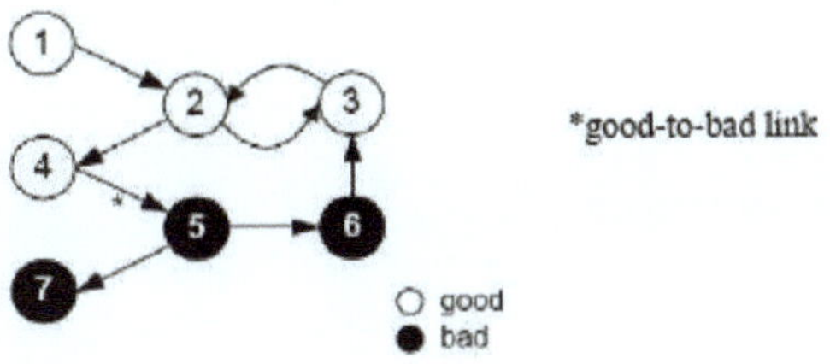

Figura: Uma teia de nós bons (brancos) e maus (pretos)

Existem duas páginas (página 2 e 4) que estão a um máximo de 2 ligações das páginas boas de semente. Como ambas são boas, a probabilidade de chegarmos a uma página boa em, no máximo, 2 passos é 1. Da mesma forma, o número de páginas alcançáveis a partir da semente boa em, no máximo, 3 passos é 3. Apenas duas delas (páginas 2 e 4) são boas, enquanto a página 5 é má. Assim, a probabilidade de encontrar uma página boa cai para 2/3. Por conseguinte, a confiança é reduzida à medida que nos afastamos das boas páginas de sementes.

O algoritmo TrustRank mostrado abaixo calcula as pontuações de confiança para um site

```
function TrustRank
input
        T        transition matrix
        N        number of pages
        L        limit of oracle invocations
        α_B      decay factor for biased PageRank
        M_B      number of biased PageRank iterations
output
        t*       TrustRank scores
begin
        // evaluate seed-desirability of pages
(1)     s = SelectSeed(...)
        // generate corresponding ordering
(2)     σ = Rank({1,...,N},s)
        // select good seeds
(3)     d = 0_N
        for i = 1 to L do
                if O(σ(i)) == 1 then
                        d(σ(i)) = 1
        // normalize static score distribution vector
(4)     d = d/|d|
        // compute TrustRank scores
(5)     t* = d
        for i = 1 to M_B do
                t* = α_B · T · t* + (1 − α_B) · d
        return t*
end
```

graph.

As suas entradas são a matriz de transição, o número de páginas Web, a invocação do oráculo - que é a noção de verificação humana da existência de spam numa página através de uma *função de oráculo* de pesquisa binária O sobre todas as páginas p E v

$$O(p) = \begin{cases} 0 & \text{if } p \text{ is bad,} \\ 1 & \text{if } p \text{ is good.} \end{cases}$$

e, finalmente, L, $\_B$ e MB são parâmetros que controlam a execução.

A função SelectSeed no início identifica páginas desejáveis para o conjunto de sementes e devolve um vetor **s**. Encontra páginas que serão mais úteis para identificar páginas boas adicionais. Por exemplo, o seguinte vetor para a figura (figura de ligação boa a má).

s = [0.08, 0.13, 0.08, 0.10, 0.09, 0.06, 0.02].

O passo 2 utiliza a função Rank para reordenar os elementos de s por ordem decrescente, como se mostra;

s = [2, 4, 5, 1, 3, 6, 7]. A página 2 é a página semente mais desejável, pois tem a pontuação máxima do vetor 0,13, seguida da página 4 e assim por diante.

A etapa 3 utiliza a função oráculo (fig x) e as L páginas-semente mais desejáveis. As entradas do vetor de distribuição de pontuação estática **d** que correspondem a boas páginas-semente são definidas como 1.

O passo 4 normaliza o vetor **d** de modo a que as suas entradas somem 1, e a seguinte pontuação estática

O vetor de distribuição é o resultado.

d = [0, 1/2, 0, 1/2, 0, 0, 0].

O passo 5 avalia as pontuações do TrustRank utilizando um cálculo tendencioso do PageRank com **d** a substituir a distribuição uniforme.

Assumindo que _B = 0,85 e MB = 20, o algoritmo calcula o seguinte resultado:

t*= [0, 0.18, 0.12, 0.15, 0.13, 0.05, 0.05].

As páginas de sementes boas (2 e 4) já não têm uma pontuação de 1, mas continuam a ter a pontuação mais elevada.

Além disso, uma experiência prática mostrou que apenas 10 ou 20 revisões manuais já podem filtrar 1000 páginas de spam das páginas de resultados do Google devido ao seu mau TrustRank crescente. Pode ser utilizado nos motores de busca, quer separadamente para filtrar o índice, quer em combinação com o PageRank para classificar os resultados.

Apêndice C
Algoritmo HITS

O algoritmo HITS significa "Hypertext Induced Topic Selection" (seleção de tópicos induzida por hipertexto) e é utilizado para classificar e ordenar os sítios Web com base nas informações das ligações ao identificar áreas temáticas. Utiliza dois valores para calcular a pontuação de cada sítio Web: o valor de autoridade e o valor de hub. Os hubs são sítios que ligam a muitos outros sítios que são considerados autoridades na sua área temática. Por exemplo, o sítio Web da empresa Ford Motor é uma autoridade no tópico de fabrico de automóveis. O mesmo se aplica ao sítio Web da Ferrari. Um site com links para todos esses fabricantes é considerado um bom hub dentro do tópico de fabricação de automóveis. Os sites de autoridade são apontados por muitos outros sites da mesma área temática e, por isso, têm muitos links de entrada.

O HITS calcula as pontuações dos hubs e das autoridades por consulta para o subgrafo da Web em causa. Uma boa autoridade deve ser apontada por vários bons hubs, enquanto um bom hub deve apontar para várias boas autoridades

As consultas dos utilizadores dividem-se geralmente em dois tipos. A consulta específica, em que o utilizador necessita de correspondências exactas e de informações restritas, e a consulta de tópico alargado

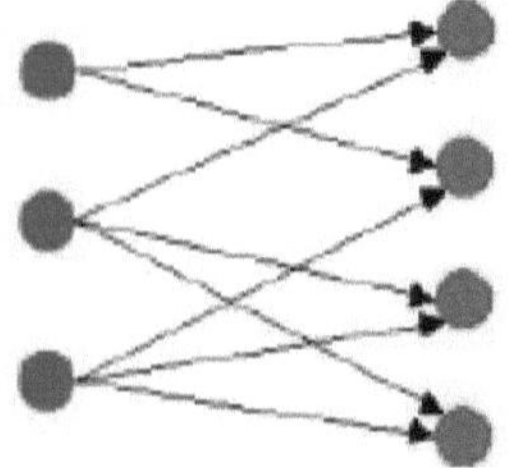

As páginas Hub e Authority para os utilizadores que procuram respostas específicas *e* informações relacionadas com o tema geral. O HITS concentra-se neste último tipo e tem por objetivo encontrar as páginas mais autorizadas e informativas sobre o tema

da consulta.

1. Utilizando um sistema de pesquisa existente, obter o conjunto de raízes para a consulta dada.

2. Acrescentar todas as páginas com ligações a e com ligações a partir de páginas no conjunto de raiz, dando um conjunto de raiz alargado ou conjunto de base.

3. Executar o cálculo iterativo baseado em vectores próprios sobre uma matriz derivada da matriz de adjacência do conjunto de base.

4. Comunicar as principais autoridades e centros.

A primeira etapa do algoritmo HITS mostra que o conjunto de raízes para uma determinada consulta é retirado de um motor de busca.

A segunda etapa basicamente expande o conjunto de raízes por uma vizinhança de ligação para formar o conjunto de base.

O valor do hub e da autoridade da página p é calculado da seguinte forma: Fórmula 1

$$A_p = \sum_{l \in Par_p} H_l$$

em que Ap representa o valor de autoridade da página p,

Parp é o conjunto de páginas que apontam para p e que estão presentes no conjunto de base, e l é o número de ligações, em que Hp representa o valor do hub da página p,

Fórmula 2

$$H_p = \sum_{l \in Chi_p} A_l$$

Chip o conjunto de páginas para as quais p aponta e que estão presentes no conjunto de base e l o número de ligações

A etapa 3 produz a matriz de adjacência n por n E e a sua matriz transposta ET .

Seja Gq o grafo correspondente ao conjunto de base para a consulta do utilizador q.

Seja Va o vetor dos valores de autoridade para todos os nós em Gq e

Vh é a representação dos valores dos cubos de todos os nós de *Gq*. A seguinte matriz

computação
pode ser calculado do seguinte modo:
Va = *ETVh* para a fórmula 1
Vh = *Eva* para a fórmula 2

Substituindo os valores de *Va* e *Vh*,
Va = *ETEVa*
Vh = *EETVh*

Assim, *Va* convergirá para o vetor próprio principal de *ETE* e *Vh* convergirá para o vetor próprio principal de *EET* .

Por último, após determinar os elementos com valores elevados no vetor próprio normalizado, as autoridades de topo e os pólos aparecem como resultados

yes
I want morebooks!

Buy your books fast and straightforward online - at one of world's fastest growing online book stores! Environmentally sound due to Print-on-Demand technologies.

Buy your books online at
www.morebooks.shop

Compre os seus livros mais rápido e diretamente na internet, em uma das livrarias on-line com o maior crescimento no mundo! Produção que protege o meio ambiente através das tecnologias de impressão sob demanda.

Compre os seus livros on-line em
www.morebooks.shop